PROSPERIDADE
VOCÊ NO PRÓXIMO NÍVEL!

Editora Appris Ltda.
1.ª Edição - Copyright© 2023 dos autores
Direitos de Edição Reservados à Editora Appris Ltda.

Nenhuma parte desta obra poderá ser utilizada indevidamente, sem estar de acordo com a Lei nº 9.610/98. Se incorreções forem encontradas, serão de exclusiva responsabilidade de seus organizadores. Foi realizado o Depósito Legal na Fundação Biblioteca Nacional, de acordo com as Leis nos 10.994, de 14/12/2004, e 12.192, de 14/01/2010.

Catalogação na Fonte
Elaborado por: Josefina A. S. Guedes
Bibliotecária CRB 9/870

F224p
2023

Farias, Paulo Sérgio Amâncio de
    Prosperidade : você no próximo nível! / Paulo Sérgio Amâncio de Farias. – 1. ed. – Curitiba : Appris, 2023.
    168 p. ; 21 cm.

    Inclui referências.
    ISBN 978-65-250-4643-3

    1. Autorrealização. 2. Esperança. 3. Felicidade. 4. Sucesso.
    I. Título.

                                                    CDD – 158.1

Livro de acordo com a normalização técnica da ABNT

Editora e Livraria Appris Ltda.
Av. Manoel Ribas, 2265 – Mercês
Curitiba/PR – CEP: 80810-002
Tel. (41) 3156 - 4731
www.editoraappris.com.br

Printed in Brazil
Impresso no Brasil

Paulo Sérgio Amâncio de Farias

PROSPERIDADE
VOCÊ NO PRÓXIMO NÍVEL!

FICHA TÉCNICA

EDITORIAL	Augusto V. de A. Coelho
	Sara C. de Andrade Coelho
COMITÊ EDITORIAL	Marli Caetano
	Andréa Barbosa Gouveia - UFPR
	Edmeire C. Pereira - UFPR
	Iraneide da Silva - UFC
	Jacques de Lima Ferreira - UP
SUPERVISOR DA PRODUÇÃO	Renata Cristina Lopes Miccelli
ASSESSORIA EDITORIAL	William Rodrigues
REVISÃO	Katine Walmrath
PRODUÇÃO EDITORIAL	William Rodrigues
DIAGRAMAÇÃO	Yaidiris Torres
CAPA	Sheila Alves

E não vos conformeis com este mundo, mas transformai-vos pela renovação do vosso entendimento, para que experimenteis qual seja a boa, agradável e perfeita vontade de Deus.

(Romanos 12:2)

AGRADECIMENTOS

Agradecemos a Deus, pela oportunidade de conhecer, mudar, melhorar tudo em nós e tudo à nossa volta. Cada vez mais, somos capacitados a entender que, por mais que sejamos minúsculos seres vagando no espaço infinito, a incansável fagulha divina em nós impulsiona a ir sempre mais longe, não solitários, mas juntos, com todos os que almejam ser melhores, ir além.

Agradecemos a todos vocês que, de alguma forma, têm acesso a este conteúdo, nossa forma de nos conectarmos mesmo a distância e nos tornarmos parte dessa grande egrégora universal e sagrada. NAMASTÊ!

Aos educadores/salvadores que entregam mais que conteúdo escolar, compartilhando vida, amor, bondade.

Aos educandos que se permitem educar-se. Vocês a si mesmos educam, por isso são melhores, estão salvos. Não temas, em breve estaremos ainda mais fortes.

À família que me acolheu para que dividíssemos horas de tão grande alegria, vocês me deram um lar no tempo e na história. Esposa e filho, vocês não me deixaram cair. E quando faltou chão sobrevoamos e sobrevivemos.

Gratidão!

PREFÁCIO

Recria tua vida, sempre, sempre.
Remove pedras e planta roseiras e faz doces. Recomeça.

(Cora Coralina)

Enquanto você lê este livro, quatro pessoas nascem. A primeira chamada **FERTILIDADE**, a segunda, **VIBRAÇÃO**, a terceira, **FLUXO** e a última, **ENERGIA** ou a continuação de quem terá a honra e o privilégio de ler este maravilhoso livro intitulado *Prosperidade: Você no próximo nível!*. Ao deleitar-se na leitura deste livro, você, leitor(a), terá a oportunidade de mergulhar no universo de um escritor autêntico, cuidadoso com as palavras e imerso em si mesmo com muita sensibilidade. Me arrisco a dizer que esta leitura te levará para além do topo do próximo nível, pois "Somos ímãs, atraímos aquilo a que damos atenção".

Sinto-me honrada ao prefaciar este que futuramente será um *best-seller* pela riqueza de detalhes, ensinamentos e o desejo latente do autor em (RE)inventar um amanhã mais próspero para seus leitores com receitas simples de empoderamento, resiliência e busca por um lugar ao sol, ou seja, o lugar do autoconhecimento e de uma identidade própria. Assim, recomendo cada palavra escrita aqui neste poderoso livro a você que sonha, luta para viver, amar, ser curado e extremamente feliz.

Maria José C. C. Marinho
Letrada, escritora, mestranda em Letras, em formação

APRESENTAÇÃO

Como vai sua saúde financeira?

A melhor definição de saúde é a que trata saúde como um projeto bem estruturado de equilíbrio físico, mental, econômico e social, e não apenas ausência de doenças.

Toda saúde tem uma importância fundamental para as finanças, desde a base da pirâmide das necessidades humanas, tal como propôs Maslow, o equilíbrio financeiro é estrutural e estruturante. Alimento, abrigo, realização pessoal, como viajar, se divertir; para tudo isso, precisa-se ter uma boa saúde financeira.

O bem-estar econômico é muitas vezes negligenciado, pouco entendido e, por muitos, esquecido. Por isso, o tema da prosperidade é urgente e fundamental. É urgente conhecer e é fundamental aprofundar. Primeiro, para evitar a maldita ignorância e, segundo, para evitar o julgamento impreciso.

Não é exagero dizer que a ignorância é uma maldição. Entenda por ignorante aquele que tendo poder para fazer não o faz. Sabe que deveria estudar, mas se entrega ao conformismo e não estuda. Todo aquele que ignora as próprias bênçãos atrai para si e os seus uma maldição. Prosperidade é uma necessidade física e espiritual, não deve ser negligenciada.

A Bíblia Sagrada apresenta que é maldito todo aquele que faz a obra do Senhor relaxadamente. Temos a ideia precipitada de que a obra do Senhor é trabalhar para uma instituição religiosa, ou coisa do tipo, mas nosso viver é sagrado. Fazemos a obra do Senhor desde que recebemos a missão de vir aqui a esta terra, portanto, quando o ser humano, independentemente de ser ou não religioso, faz seu trabalho de modo relaxado/negligente, comete um pecado, um erro, uma maldição. E a ignorância com relação à vida econômica é, sim, uma praga; não fosse, não teríamos tanta confusão, disputas, guerras. Aquele que sabe fazer o bem e não faz comete um erro. No contexto da prosperidade, o texto bíblico de Tiago (4:17) se converte em: aquele que sabe que ser próspero é uma bênção para si e para os demais, mas negligencia torna-se maldito.

É fundamental se aprofundar no tema para que se entenda prosperidade à luz das crenças corretas, primeiro para evitar ter um julgamento impreciso e depois para aproveitar o melhor do fluir dessa energia tão poderosa que permeia todo o universo.

Nessa temática há muito para explorar, aprofundar... A prosperidade é mesmo uma força espiritual? É mesmo um estado de espírito? É um constructo físico emocional? É realmente parte da expansão universal? É direito de todas as criaturas debaixo do sol?

Nosso anseio é que você trilhe conosco esse caminho de descobertas, vamos juntos sair das marginalidades e chegar ao centro, e tomar juntos do elixir da vida longa e abençoada.

Bem-vindo ao chamado do Eterno a ter uma vida próspera, saudável e feliz!

SUMÁRIO

INTRODUÇÃO 15
PREPARAÇÃO 17

PARTE I
FERTILIDADE 21

CAPÍTULO 1 28
  SER PRÓSPERO É SER FÉRTIL 29
    ATIVIDADE PRÁTICA 34

PARTE II
VIBRAÇÃO 37

CAPÍTULO 2 46
  A PROSPERIDADE E A VIDA 47
    INFÂNCIA 53
    ADOLESCÊNCIA 54
    PRODUÇÃO 54
    INDEPENDÊNCIA 55
    ESTRUTURAÇÃO 56
    NEGOCIAÇÃO 56
    MUDANÇAS SIGNIFICATIVAS 56
    NOVOS APRENDIZADOS 57
    MENTORIA 57
    EXPANSÃO 58
    ADEQUAÇÃO 58
    ATIVIDADE PRÁTICA 60

CAPÍTULO 3 62
    DESENVOLVIMENTO 63
    ATIVIDADE PRÁTICA 68

CAPÍTULO 4 72
    PROGRESSO 73
    PAIXÃO – MISSÃO – VOCAÇÃO – PROFISSÃO 77
    ATIVIDADE PRÁTICA 80

PARTE III
FLUXO 83

CAPÍTULO 5 86
    ESPERANÇA E FELICIDADE 87
    ATIVIDADE PRÁTICA 92

CAPÍTULO 6 94
    ABUNDÂNCIA: SER ABENÇOADO 95
    ATIVIDADE PRÁTICA 103
    HO'OPONOPONO 103

CAPÍTULO 7 106
    SUCESSO 107
    ATIVIDADE PRÁTICA 114

PARTE IV
ENERGIA 117

CAPÍTULO 8 122
    ESCRITO NAS ESTRELAS 123
    ATIVIDADE PRÁTICA 128

CAPÍTULO 9 130
    PROFUNDO 131
    ATIVIDADE PRÁTICA 143

CAPÍTULO 10 144
    PLENO/TOTAL/REALIZADO 145
    UM CHAMADO PESSOAL 154
    PRECISAMOS DE VOCÊ! 160
    SIMPLES 162
    RESPONSÁVEL 162
    CAPACITADO E CONFIANTE 163
    TER UM PROPÓSITO INABALÁVEL 164
    ENCONTRAR E VIVER SUA MISSÃO DE VIDA 165

INTRODUÇÃO

Entre os diversos conceitos e apreciações sobre prosperidade, vamos apresentar uma proposta prática e com uma linguagem acessível. Sem muitos rodeios ou falsas pretensões, sejam quais forem. O que se pretende é explorarmos juntos, você de lá e eu de cá, desvendar o que de melhor há, e aproveitar as oportunidades de sermos melhores e melhorar tudo à nossa volta.

Não temos todas as respostas para o tema da prosperidade, principalmente porque não temos todas as perguntas; de tudo que sabemos, ou sobre o que julgamos ignorar, temos pouco conhecimento e muita superficialidade. É preciso escavar melhor essa mina.

A falta de conhecimento naquilo que é um saber primordial é, na verdade, um grande impedimento para si e para os que estão no entorno. Se soubéssemos bem como funciona e como deveríamos cuidar bem dos nossos corpos, os hospitais não estavam lotados, pois parte da medicina que precisamos está na própria natureza e é de graça. Se conhecêssemos e cuidássemos bem da nossa saúde mental, evitaríamos muitas doenças psicossomáticas que hoje são a principal responsável pela morte. A saúde física, psíquica, emocional, financeira e espiritual do ser humano é uma corrente de elos que se entrelaçam, não é possível viver de maneira equilibrada, na conjuntura do mundo atual, sem que todas andem juntas, unidas e estejam saudáveis.

Por que falar sobre prosperidade? Descobrimos algo importante sobre o tema, que visto por outro prisma pretende ser uma chave que pode conduzir o leitor à sala de possibilidades do universo e de repente ser, conquistar e transformar o mundo.

Descobriremos que a escada da prosperidade é para todos, mas nem todos conseguem escalar. Uns, mesmo com tantos avisos do universo, ainda desconhecem sua existência. Outros negligenciam, se imaginam no topo e prontos, mas já caíram. Ainda outros desistem de escalar. E, finalmente, existem aqueles que descobriram que não havia segredo e o que precisavam era viver, viver tão intensamente como a própria vida intensa é, e sendo a vida clara e próspera todos aqueles que vivem podem ser prósperos, para isso basta ser vivo. Vamos juntos, com toda energia rumo à escalada da vida!

PREPARAÇÃO

Seja bem-vindo a essa aventura por quatro reinos, quatro forças, quatro estações, quatro patamares físicos e/ou espirituais.

Ao longo do trajeto, você vai acompanhar uma importante escalada do denso ao sutil; do básico uno aos elevados níveis de ligação com o todo; da relação do ser humano com o ser divino.

Durante a trajetória, serão explorados os principais termos relacionados à prosperidade. Eles apresentam uma mesma origem, o radical "spe" formador das palavras esperma, esperança e estrela. Essas palavras estão ligadas a crescer, multiplicar, aumentar, ter êxito, bem com expandir, ser e estar pleno, realizado, ter alcançado o seu máximo, em todas as áreas da vida.

Iniciamos um livro de 10 capítulos, que fala de prosperidade, e prosperidade tem uma forte relação com números e números lembram Pitágoras, vamos entender um pouco melhor a relação do número 10 para esse matemático.

Ele observa o número como uma pirâmide, cuja base é 4, sobre este o 3, 2 e finalmente o 1. Cada número nessa mesma ordem de quaternário, tríade, dualidade e unidade, onde não só comparou ao físico, mas também ao metafísico, onde a base 4 é a plenitude, o 3 a imortalidade, o 2 o material e o 1 a divindade. Pitágoras descobriu algo que lhe permitiu ser imortalizado, ele mesmo em seus conhecidos versos de ouro, apesar de alguns sugerirem não serem dele, mas isso pouco importa, ser ou não ser dele a autoria, fato é que deles podemos tirar lições valiosas. O verso 35, por exemplo, diz que deve o homem guiar-se sempre pela mão do Criador, dessa forma quando tiver que deixar o mundo dual, físico, encontrará a eternidade e se unirá finalmente a Deus. Não tendo mais a morte como adversária. E se achou qualquer semelhança com algo que viu em outra parte, calma, muita gente, grupos e ideologias usam as ideias de Pitágoras, Platão, Buda, Jesus para sustentar seus pontos de vista.

E por que falar sobre números, Pitágoras, pirâmides, fractais, magia, mistério? Bem, a explicação mais plausível para tudo isso é que neste livro você tem uma chave escondida, advinda de uma sabedoria ancestral, muito antiga; de fato o autor é apenas canal, e se revelará àquele que estiver atento. Novas portas se abrirão, mas para isso você precisa atravessar todas as infinitas possibilidades, nos 10 capítulos, das 4 partes, deste texto.

Mais curiosidades sobre os números. A décima letra do alfabeto hebraico é Yod. Ela simboliza a alma, o mundo perfeito, o final de um processo espiritual, também representa a vinda do Messias, e a vida em plenitude, ela também é a primeira letra do tetragrama sagrado, ou o nome de Deus, formado pelas letras Yod – Hei – Vav – Hei, que também guarda um segredo com a formação do genoma humano. Está escrito inclusive em nosso código genético que somos partes do Todo que está em tudo; na biologia e genética ancestral, está inserido o código da herança divina — somos com Deus cocriadores desta realidade cósmica aqui neste planeta. E assim como o nome de Deus guarda um mistério magnífico cuja totalidade ainda nem conseguimos medir, tal como ele se apresentava no Egito, em ocasião da saída do povo hebreu, eu sou O EU SOU. Jesus também se apresenta no Apocalipse como o Alfa e o Ômega, representado ali como princípio e fim, a única realidade, que entre outras possibilidades pode responder a dois dos grandes questionamentos filosóficos da humanidade. De onde viemos e para onde vamos? Temos nEle nossa origem e fim.

E tal como a divindade, ao se relacionar com o ser humano, se apresenta usando nomes, também o ser humano, ao retornar ao ser Divino, tem revelado seu nome interno e, ao saber nossa origem e fim, não é de admirar que parte desse mistério interior está nEle contido. Somos certamente continuação, ramificação dele aqui e se permanecermos nEle daremos frutos. "Eu sou a videira; vocês são os ramos. Se alguém permanecer em mim e eu nele, esse dará muito fruto; pois sem mim vocês não podem fazer coisa alguma" (João 15:5).

Voltando ainda a falar sobre letras hebraicas e também envolvendo números, conta-se que a letra Alef representa o próprio Deus em sua atuação nos quatro cantos. Ela é raiz para Elef, que significa 1.000, que origina a ideia contida em Adão, chefe do mundo. A tradição conta que Deus criou Adão para viver 1.000 anos (1 dia), mas Adão viu que no futuro apareceria um sábio, cujo tempo de vida ainda não havia sido determinado por Deus, Adão então doa 70 anos para esse sábio, por isso Adão vive 930 anos e Davi viverá 70. É uma bela história de doação, conhecimento profundo e revelação, que aponta o primeiro homem como líder terreno, responsável pelo cuidado do planeta. O primeiro pai terreno, que já veio ao mundo reconhecendo em seu próprio nome a missão de doador, cuidador e, mesmo tendo caído, demonstra que ele é um fractal menor representante similar de outro maior, e ainda capaz de reproduzir outros quase infindáveis fractais.

Prepare-se, porque o objetivo é que você saia dessa experiência mais fraterno e justo. Isso queremos! E mesmo que seja um passo de cada vez, comemore, pois em breve você vai conseguir caminhar sozinho e conduzir outros às portas que só se abriram porque você tem a chave.

PARTE I

FERTILIDADE

Não seja apressado ou lento demais. Se outros te ultrapassarem, conta com eles. Se outros ficarem para trás, ajuda-os. Só se ganha quando todos ganham.

Paulo Farias

Para início de conversa, vamos destrinchar e ao longo do texto continuar destrinchando a origem da palavra e das palavras ligadas à prosperidade. Na sua etimologia, PROSPERIDADE, entre outras expressões, trata-se de um vocábulo em que está embutida a ideia de fértil, produtivo, expansivo, abençoado. Esse último aspecto põe a prosperidade em um grau de maior alcance espiritual. É muito comum encontrarmos nos autores a divisão da prosperidade em dois principais aspectos, o físico e o extrafísico, ou material e espiritual.

Fertilidade: apesar do termo não estar ligado somente a terra, mas também a fecundação e a reprodução das espécies humanas e animais, é comum associar a fertilidade à produção de frutos e vegetais, afinal é por meio dos alimentos que sobrevivemos.

Fertilidade sempre esteve associada às divindades; de acordo com pesquisas e estudos, no Peru, principal centro da cultura Inca, a fertilidade e a água eram cultuadas como deusas. Várias construções como tanques de pedras foram encontradas, esses tanques serviam para banhos ritualísticos e ofertas de gratidão.

Nas várias civilizações antigas, os cultos à fertilidade eram comuns, geralmente associavam à deusa mãe, como aquela que gera, cria, mantém e protege; claro que isso não afastava a presença de uma figura masculina, o céu e o sol eram geralmente associados como essas figuras doadoras de vida no fechado círculo familiar, pai, mãe e filhos. A sagrada família, na antiguidade. É claro que isso tudo é muito mais complexo, principalmente por causa dos filhos, mas é fato que as deusas mães da fertilidade enchem o panteão: Gaia, Deméter, Afrodite, Hera, Atenas, só para selecionar algumas gregas, ainda temos Mut, Isis, Hathor, essa última a famosa deusa representada como vaca e que ainda hoje na Índia recebe reverência. Podemos ainda citar a Vénus de Willendorf, um dos artefatos mais antigos encontrados, em bom estado de conservação, como representante dessa época de culto à fertilidade.

No passado, culturas ancestrais acreditavam que era a terra uma espécie de divindade responsável pela produção de seus bens de consumo e deveriam lhes prestar culto e sacrifícios para garantir que lhes fosse dado alimento. Atualmente, o homem profano acredita que pode explorar os recursos naturais como bem queira, de forma irresponsável, e que isso não teria nenhuma consequência. Padecemos de uma falta de visão holística e equilibrada com relação à utilização dos recursos naturais e com relação à linguagem simbólica contida nos signos dos povos antigos.

Sabemos que tudo no universo responde a leis cósmicas bem definidas, nada está programado para dar errado ou simplesmente perecer. Se algo tem aparência de fraco ou sem utilidade, é simples aparência, tudo contribui para o todo. As partes, mesmo não sendo o todo, lhe representam, e o todo sem suas partes não é, não integralmente. A terra, por exemplo, com suas condições adequadas, está programada para ser exatamente produtiva, fértil e abundante, nada menos que isso.

E o ser humano, em suas condições apropriadas, o que produz? Inovação, conhecimento, melhoramento. Promove ainda interação entre céu e terra. Será que as condições mudaram tanto assim? Nem sempre vemos essas benéficas mudanças, será que o ser humano se esqueceu de seus ancestrais que não só reverenciavam os elementos, mas construíam grandiosos monumentos e se construíam grandiosos? Ficou-se tão longe da fonte a ponto de esquecer-se do verdadeiro propósito como filhos do Céu e da Terra? Os pais não se afastaram dos filhos, eles continuam aqui, sempre estiveram, não sabemos se sempre estarão, alguns acreditam que um dia acontecerá o armagedom, o ragnarok, o apocalipse, a volta de Jesus, o retorno do Maitreia, o fechamento da porta da graça, o fim do mundo, são muitos nomes para um evento cataclísmico, que é predito por muitos grupos religiosos, uns mais esperançosos, outros assustadores. E se até aqui tudo que foi profetizado se cumpriu, isso deve ser um breve fato.

Se sim, se não, se irá ou não irá acontecer, é melhor estar alerta, e retornar a pensar em formas de cuidados, e não de destruição, pois alguns acreditam que a humanidade está em uma prova de fogo, está sendo peneirada, preparada para atingir um novo nível de consciência, mais elevado, o que acontece de tempos em tempos; de diferentes formas, todos os grupos falam dessa ascensão planetária. E, para estar no alto grau com os vencedores, precisamos pensar como vencedores, conservando viva a chama, no cuidado consigo e com nossos semelhantes; se assim o fizermos, sairemos ilesos e atingiremos esse nível.

Deixando as antigas civilizações, e retornando ao tempo presente, se percebe que a mentalidade sofreu um considerado atrofiamento. Muitas religiões ainda fazem o papel de ligar a criatura ao criador, como bem deveria ser, até por sua origem epistemológica "religare" voltar a ligar, com a ideia de ligar o ser humano a Deus, mas são raras as exceções, em geral as religiões compactuam com seus conceitos egoístas. Além do egoísmo religioso as pessoas, em sua maioria, buscam na religião a ligação com o divino, essa ligação é comprometida, (deveriam buscar em primeiro lugar o reino...) ou seja, se o ego reina nas religiões, os seus seguidores acreditam no egoísmo como uma solução para muitos males e, o usam como ferramenta para justificar seus erros – salvação é individual – dizem mas só quando lhes convém, salvação é coletivo, todos podem escolher, e cada indivíduo como parte desse todo é responsável pelo outro. E o que tudo isso tem a ver com prosperidade, que é fertilidade? Simples, se trabalho só para mim, para os meus, minha produção é escassa, mesquinha e medrosa. Escassa porque o que se tem não dá para todos; se não tem para todos, preciso; se produz com medo de acabar, ou que alguém roube. O ego é carente e sofredor e traz carência e sofrimento.

É como se tudo que era sagrado tivesse se transformado em uma realidade muito além, longínqua demais para alcançarmos e, como não se pode viver sem a noção do sagrado, inventamos um invisível mais aquém. Baixamos o nível numa tentativa de suprir a necessidade egoísta, criando assim uma confusão incomparável. Para ilustrar a confusão mental de muitas pessoas, esta história. Duas irmãs, ambas mães solteiras, ambas desempregadas. Uma segue na esperança de que pode alcançar mais, enquanto a outra acredita na seguinte ideia: na vida uns nasceram para dar, ao passo que outros só para receber. Ou seja, há doadores e há os recebedores, ela fazia parte desses últimos.

A primeira tinha um filho, havia se separado do esposo e não se envolveu em outros relacionamentos, era mais retirada da vida social agitada e frequentava um grupo religioso que cultivava a ideia de uma rotina mais devota e menos "mundana", essa mãe parecia feliz. A segunda irmã, que também parecia estar bem, também pertencia a uma denominação religiosa, que também pregava os mesmos princípios, ela, porém, parecia desobedecer àquilo que ouvia, não demorou muito e saiu do grupo, antes, porém, concluiu numa espécie de epifania (revelação divina), Deus criou uns para sempre receberem e outros são separados para serem os doadores, e ela, conforme já foi dito, se encontrava entre os que sempre receberiam.

O tempo passou. Algumas mudanças começaram a acontecer, a primeira irmã havia saído do aluguel, tinha sua casa própria que ela mesma pagava, com o emprego de carteira assinada que havia conseguido, ainda era feliz e reluzia em seu rosto a gratidão a Deus pelas conquistas. Ainda se encontrava só, rejeitando muitos pretendentes, esperando o "cara certo". O filho dela estava bem, saudável, feliz, com brilho nos olhos.

A mana, porém, estava na casinha que havia ganhado de "uns políticos aí", fazia uns bicos de vez em quando, fez ligação das trompas depois de seu terceiro filho, os filhos eram felizes, mas sem o brilho de esperança em seus olhos, não pareciam gratos com a vida, diziam intimamente que a vida deveria dar-lhe mais. Duas histórias, duas irmãs, um segredo. A crença de que pode ou não pode. Se você acreditar que pode ou que não pode, nos dois casos você está certo.

No caso da primeira irmã, ela poderia ainda não ter muito dinheiro, poderia não ter tudo que gostaria de conquistar, mas já tinha o terreno preparado para conseguir, tinha uma mente próspera e já preparava seu filho para o sucesso na vida. O filho não esperava, ele tinha esperança. Enquanto os filhos da segunda esperavam que dos céus caísse pão. Poderiam mudar de mentalidade, mas atualmente suas crenças eram limitadoras, não os impulsionavam a conquistas, estavam presos à conformidade, à mediocridade. Somente um choque de realidade poderia ser o empuxe para a transformação verdadeira.

Se repararmos, a Bíblia está cheia de histórias para encantar e representar a magia da vida — a narrativa de José, por exemplo, é um caso à parte, não há como não se emocionar. De filho querido a escravo, de prisioneiro a governador da maior nação de sua época. Que altos e baixos! A história nossa de cada dia. Quantas lições importantes podemos tirar. Aprender a respeitar os processos; no caso de José, ele confiava em algo maior que ele, sua fé estava baseada em uma cosmovisão em que um Ser, uma Inteligência Maior, mantém o controle da história, o curso dos mundos, e, por mais que muitas vezes não pareça, ele sabe exatamente o fim desde o princípio, mas José tinha uma convicção que era pessoal, aquilo tudo sobre o Deus único, verdadeiro, criador era parte da crença de todos em sua congregação, a semente mais plantada no coração de José eram seus sonhos, ele sabia que quando se sente sede é porque há água, se tiver fome, haverá comida, se for a dor, vem a cura. Se houver um sonho, haverá uma realização, não importa quanto demore, a não ser que alguém desista de realizar, ou mesmo de sonhar, mas toda semente de imaginação traz consigo a possibilidade de realização. E José não se esquecera do que Deus havia sonhado/prometido.

Na prisão José teve mais tempo com seu Deus, devem ter sido bem tensos os diálogos entre ele e Deus, acredito que em tom respeitoso José deve ter se dirigido a Deus em humilde súplica, depositando confiança, mas exigindo que sua mente não se deixasse vencer pela situação atual. A confiança de José era tanta em Deus, e sua comunhão não foi corrompida, que ao responder ao rei ele não disse se Deus... Na verdade sua confiança era tanta que a confirmação foi "Deus dará resposta de paz a Faraó".

A Inteligência Infinita tem, ao longa da história da humanidade, dado a homens e mulheres corajosos diferentes sonhos, e, a partir deles, muitas realizações são feitas em prol de todos — as escrituras sagradas apresentam diferentes personagens, que, mesmo não sendo perfeitos, servem de modelos para atrelar à nossa realidade atual. Desde sonhos que levam um conhecimento do mundo espiritual até sonhos para manutenção do mundo físico. Em breve descobriremos que essa separação entre os dois mundos na verdade não existe, ela é apenas uma questão de perspectiva no olhar. Mas deixemos esse assunto para os próximos capítulos, vamos analisar como por meio do sonho Deus interveio na manutenção do mundo físico.

Deus havia dado o sonho a faraó, poderia ter sido ele mesmo o intérprete, mas os desígnios de Deus são outros. São planos traçados no tempo e ao longo do tempo, e muitas vezes se percebe que as pessoas não são só as "pessoas certas", mas elas fazem as coisas certas, no momento certo. José era expert em sonhos, apesar da situação de presidiário (lembre-se: ele estava lá injustamente, ele, sim), sua expertise não havia mudado — era seu talento nato, dom espiritual, mas era algo treinado e praticado para ajudar outras pessoas, isso também fazia com que José não se esquecesse dos próprios sonhos. Se não fossem os planos divinos executados por quem entendia do assunto, teriam não só os egípcios, mas também as demais nações sofrido, morrido com as calamidades que ocorreram, com a falta de chuvas durante os sete anos e, também, foi graças a isso que o Egito, por meio de José, conseguiu prosperar e ao fazê-lo abençoou e salvou muita gente!

Quais são os sonhos de Deus para sua vida? Ainda pretende realizá-los? Deus está esperando uma decisão para concretizá-los.

CAPÍTULO 1

Ser próspero é ser fértil

Uma grande transformação se dá com mudanças simples.
Amai vosso próximo como a vós mesmos.

(Jesus)

Alguém já mencionou que a prosperidade é um "estado de espírito", o externo apenas reflete o que já está internamente. Você nunca verá em uma terra seca haver plantas viçosas e frutíferas. Não se vê isso no deserto, por exemplo, apenas as planícies férteis, verdejantes e prósperas apresentam fartura de recursos para si e para os que estão em seu entorno. Ainda hoje, mesmo com todo o avanço tecnológico, os países mais prósperos são aqueles cuja geografia é favorecida pelos lugares férteis.

Para que haja a fertilidade em uma terra, é necessário que existam algumas condições geográficas e algumas variáveis meteorológicas favoráveis, tais como: energia solar, vibrações hídricas, fluxos eólicos.

Esses elementos mágicos e primordiais trazem consigo uma chave: nela está contida toda a existência do ser, de todo ser, mineral, vegetal, animal, humano.

- Fertilidade (terra)
- Vibração (água)
- Fluxo (ar)
- Energia (fogo/sol)

Ainda dentro da analogia da fertilidade da terra, percebemos o seguinte: apesar de serem quatro elementos envolvidos, os próprios elementos primordiais, a prosperidade, ou melhor, a fertilidade se traduz, ou se materializa, em apenas um, não é de se admirar que muitas vezes a prosperidade se confunde com a posse de bens materiais.

Cabe, já aqui, um adendo, a prosperidade é muitas vezes vista, e em outros momentos só é vista, nos seus termos físicos ou materiais, cometendo-se o infeliz equívoco de tratar os que têm muito dinheiro como prósperos, ou de imaginar que a prosperidade não é para todos. Para que fique claro, a prosperidade é o todo, e não somente a parte. Abarca todos os aspectos do ser, não apenas um. Uma boa produção precisa do envolvimento integral de todos os aspectos. A planta frondosa e frutífera precisa de profundidade e alimento necessário em suas raízes, estas, por sua vez, precisam de água e clima adequado para desenvolver bem os frutos e a própria planta ser saudável.

É a saúde e o perfeito equilíbrio do solo, das raízes, do clima que garantem a boa colheita e a qualidade da planta; da mesma forma, precisa o ser humano estar em perfeita harmonia em todos os seus aspectos, físico, emocional, espiritual, para desfrutar de uma perfeita prosperidade.

A prosperidade abraça todos os aspectos, o material é apenas complemento desse todo, um exemplo mais específico com relação a isso é o de Jesus de Nazaré. Vivia em uma família com poucas condições financeiras, mas sua riqueza excede a de muitos reis. Já em seu nascimento, ele recebe o suficiente para fazer uma viagem com sua família para uma terra estrangeira. Por lá viveu tempo suficiente para aprender sobre a nova realidade e ficar livre da perseguição sofrida, pelo menos por um tempo; também abençoou muitas famílias que lá viviam próximas. Tudo isso com os valiosos presentes que recebera dos magos que o visitaram. Em outra ocasião, para pagar o imposto devido, retirou da boca de um peixe o que necessitava. Manifestando o que é ser próspero de verdade.

Madre Tereza de Calcutá, Nelson Mandela, Chico Xavier tinham em si o dom da prosperidade, talvez por isso tenham ajudado o maior número de pessoas, abençoaram muitos, usando suas missões de vida. Seus trajetos podem ter tido desfechos diferentes, porém, são alguns dos vários exemplos de pessoas prósperas, mas que em suas caminhadas tinham poucos bens materiais, nem por isso deixaram de viver intensamente seus ofícios sagrados de forma digna e bem-sucedida.

Portanto, a prosperidade não se relaciona somente com o dinheiro, entretanto, este é parte muito importante dela, uma vez que é baseado nele que se "caminha" na sociedade atual, e já era em outras sociedades antigas, não precisava ser, mas é a moeda de troca e precisa ser respeitada mais essa convenção social, se nem mesmo o próprio Cristo negligenciou, pagou seus impostos, providenciando o provento da boca de um peixe, que dirá nós "ricos mortais".

Dentro dos próprios exemplos citados, e ainda poderíamos citar tantos outros, temos Jesus (pagando o tributo, dando a César o que é de César); Madre Tereza (usando as ajudas para ajudar); Nelson Mandela (seu maior legado foi a liberdade social); Chico Xavier (a partir dos donativos, doou-se). Em todos esses exemplos, temos a materialização da prosperidade física, apesar de não ser a sua principal forma, para fazer o que tinha que ser feito, no tempo e de modo certo. A palavra-chave sem dúvida é equilíbrio, a justa medida, não em ter, e sim em ser. Ser não é ter, o ter é consequência do ser. Assim, ser próspero vem primeiro, o ser está relacionado com aquilo que você é em essência, seu caráter, suas crenças, valores, visão de mundo; se alguém está limitado em sua forma de pensar, seu agir será comprometido; se o sistema de valores está embutido de trapaças e desonestidade, a prosperidade não se fará presente; por outro lado, se já se tem uma mentalidade de sucesso, caráter firme, valores nobres, a obtenção de recursos materiais é consequência.

Talvez isso tenha sido, ao longo dos tempos, e ainda continue sendo, a maior controvérsia e a ilusão de alguns — buscar primeiro ter pensado que podem com isso ser. Enganam-se, muitas vezes têm, mas não são, ou nem tem nem são.

É bem certo que pode até existir alguém rico e próspero, mas não alguém pobre e próspero. Pobreza não está ligada a ter pouco, segundo a origem do termo, pobreza está vinculada à ideia de produzir pouco, ou produção escassa. A produção que se limita também limita o outro e traz a estagnação das coisas, portanto, o pobre não é quem tem pouco ou não tem nada, mas quem não é suficiente em sua produção. O sol não produz calor para si, as árvores não se alimentam dos próprios frutos, tampouco o rio, o mar, a natureza produz para si mesma, mesmo assim produz de forma ilimitada, abastecendo os celeiros do universo com fartura.

A ausência de prosperidade está intimamente ligada à ausência de fertilidade, inclusive na própria infertilidade gestatória, essa situação que envolvia as mulheres do antigo Oriente estava também rodeada de outros conflitos. No caso de Raquel, esposa amada de Jacó, mesmo sendo a esposa mais querida, sua felicidade não poderia ser completa, pois ela era estéril, e para piorar a situação: Lia, sua irmã, não só vivia zombando dela, mas também sempre estava dando descendentes ao esposo. Raquel estava tão desesperada que chegou a desejar a morte. Para ameniza a dor, ela pediu que Jacó dormisse com sua serva para que, por meio dela, Raquel pudesse ter filhos. A mesma prática também foi adotada por Lia, assim Jacó pôde ser um homem muito feliz e abençoado por sua descendência. A infertilidade era vista naquela época como uma verdadeira maldição.

Também Sara vivia triste e, em um ato desesperado, assim como Raquel e Lia, permite que a própria serva, Hagar, tenha, com seu esposo, um filho. Ana é infértil e por isso tem conflitos com Penina, a outra esposa de Elcana. O amor do esposo não é suficiente para sanar sua dor. No templo ela faz um pedido e com ele uma promessa, se Deus lhe permitisse gerar uma vida, ela entregaria o filho para servir no templo, e assim o faz. Samuel, depois da idade certa, foi ao templo para servir o sacerdote Eli. Os milagres de cura da esterilidade não acabam em Ana. A mãe de Sansão também era estéril, mas um anjo anuncia que ela será a mãe de um nazireu, alguém que é consagrado a Deus desde o ventre. A própria Raquel mais tarde vai gerar José, filho mais amado de Jacó, e Benjamim, o mais novo. A gestação era considerada sagrada, talvez por isso muitas mães segurando seus filhos ou mesmo amamentando eram figuras reverenciadas entre os povos pagãos como a deusa da fertilidade.

A riqueza e a pobreza não estão somente no excesso ou na escassez do dinheiro. As mulheres citadas precisaram confiar no chamado divino de que seriam prósperas, férteis, ou seja, que seriam mães, bem como precisavam esperar o tempo certo para tudo se cumprir. Sara, tirando o foco da semente plantada, parando de manter a frequência, a energia no foco correto, na promessa de Deus, que permite que seu esposo, que naquele momento estava desprovido de inteligência emocional, confiasse em um plano terreno, trazendo para si e os seus uma maldição entre duas nações de descendentes diretos dele. Alcançou o objetivo, mas atraiu para si e para as gerações subsequentes uma maldição, e nem mesmo uma grande soma de dinheiro seria suficiente para arrumar a bagunça que essa decisão errada de Sara e Abraão causou, no espaço e no tempo.

E, por falar em tempo, a terra mais uma vez apresenta a sabedoria no manejo do tempo — há tempo determinado para todo propósito debaixo do sol: as quatro estações, as fases da lua, "O tempo de plantar e o tempo de colher". O que nasce grande passou por um processo que não foi natural e tende a desaparecer. O que surge antes do tempo traz consigo diversos problemas. Também debaixo do chão há seu tempo preestabelecido: semear, regar, colher, melhorar, em ciclos infinitos. Tanto no aspecto físico quanto nos aspectos mentais, cada novo padrão, uma aprendizagem nova é incorporada no seio da vida neste planeta — todos os registros ficam arquivados podendo ser acessados pelas gerações seguintes como exemplo para não causar novos danos ou para indicar novas soluções.

A fertilidade, abundância e frutificação das árvores e outras plantas contribuem para a manutenção da vida no planeta. Elas transformam o gás carbônico, liberam o oxigênio, controlam a temperatura da terra, produzem alimentos, remédios, equilibram a dinâmica da água no planeta, oferecem abrigo e proteção, sem as plantas não existiria vida no planeta. Elas são também um importante exemplo de sustentabilidade na terra, delas tudo se aproveita, e não são tímidas em seu crescimento e ocupação, onde houver espaço e possibilidade oferecem seu melhor desempenho — ótimo exemplo de alta performance.

Alguém disse certa vez: se um carvalho pensasse como um homem, só cresceria 3 metros, mas é só se, pois há registro de carvalho com mais de 40 metros de altura. E por que tudo isso? Solidez, estabilidade, contribuição para a sustentação de seu habitat. E você: já sabe o seu porquê? Já descobriu sua motivação raiz?

ATIVIDADE PRÁTICA

Plante uma nova semente, uma nova muda, escolha um legume, uma frutífera, uma planta de cheiro ou uma ornamental. Algumas sugestões: alface, alecrim, babosa, jabuticabeira, hortelã ou cacto.

Durante a atividade, é possível que uma nova ideia surja: execute-a, se já puder; armazene-a, se não puder executá-la; doe, venda ou simplesmente devolva-a ao universo em gratidão por ela ter sido disponibilizada como uma possibilidade a você. NAMASTÊ!!!

Se quiser pode escrever aqui suas novas ideias e/ou percepções.

_____
_____
_____
_____
_____
_____
_____
_____
_____
_____
_____
_____
_____
_____
_____
_____
_____
_____
_____

PARTE II

VIBRAÇÃO

Somos ímãs, atraímos aquilo a que damos atenção.

Paráfrase de Albert Eisntein

Vibrar relaciona-se com estremecer, sair do ponto de estabilidade, alterar o equilíbrio de algo, com o intuito de produzir novos e/ou melhores resultados. Uma boa ilustração é o pêndulo, que tem uma trajetória ao subir e descer, representada por uma energia, um empuxe de força inicial que o faz sair da zona de conforto, oscilando e retornando ao seu ponto inicial; os especialistas medem essa frequência vibracional e usam uma medida de tempo chamada de Hertz (Hz). Outro exemplo de ondas é o quicar de uma bola no chão, sua frequência será de 5Hz se ela quicar cinco vezes a cada segundo. Muito se pode aprender sobre ondas, frequências, estado da matéria, mas apenas vamos lembrar que o grande e o pequeno interagem e, assim como acontece no micro da existência, também no macro das essências, esse invisível vasto cosmo tem muito a ensinar, se o aprendiz estiver bem disposto a aprender. Exemplo desse ensino e aprendizagem é o que Pitágoras estudou e a tradição chamou de música das esferas: esses sons só seriam captados por aqueles que já afinaram os sentidos da alma, desfrutam de uma qualidade humana excepcional. Explicando em outras palavras: é como se o sol fosse uma base, um ponto de sustentação e os planetas segurados por cordas invisíveis fizessem em volta dele uma trajetória tão harmoniosa que gera uma frequência, sua vibração é a composição da própria vida no sistema. Apesar de ser muito estudada e difundida na sua época, hoje se expressa como Gama Pitagórica, que são os intervalos de frequência usados para afinar instrumentos.

Vibrar também tem relação muito forte com o estado mental. Para melhor definir, o estado mental tem relação com duas palavras: consciência e cognição; a primeira diz respeito ao nível de atenção, enquanto a segunda faz referência aos processos propriamente ditos, tal como o pensamento. A humanidade em geral entrou em uma verdadeira paranoia do negativismo, apresentando um transtorno de consciência, em que sua atenção se volta para tragédias, catástrofes, medo. O tempo todo, os noticiários, a mídia aberta joga todo tipo de lixo na cabeça das pessoas, são poucos os que não se deixam contaminar, impedindo que isso aconteça ao não consumir determinado tipo de conteúdo. Mas o entretenimento não fica longe, cria e alimenta o negativismo, a falta de confiança em si, na humanidade. Tudo isso torna as pessoas em robôs programados para gerar resultados não para si, tampouco em prol do todo, mas para essa atmosfera do medo e do viver para o agora, pois não se tem mais esperança no futuro, o futuro nem existe, as pessoas estão mergulhadas no aqui e agora, em viver de cliques, de instantes. Os tempos, conforme disse Bauman, são líquidos, nada é feito para durar e toda a conjectura de sombra unida à grande máquina gerou alienados, vivem um transe paranoico como organismo vivos, mas não pensantes, tornaram-se como qualquer outro animal, a única diferença é que os animais têm uma programação do divino, esse robô-máquina-homem esquecendo-se do Criador está vivendo numa incomensurável teia de morte que permeia toda a geração. Alguns homens se comprometeram e comprometem a existência de sua espécie aqui neste planeta, e para se safar de seus crimes culpam-se uns aos outros estendendo seus dedos de acusação até os céus, de onde vem sua única saída. As viseiras de morte e horror precisam ser retiradas da humanidade, nosso futuro existe, sim, e ele não é de trevas, desespero ou terror como pintam por aí — nossa herança é a luz, a vitória, um viver próspero, em todas as áreas, no aqui e no além.

Vibração — frequência também lembra muito a conhecida lei da atração, revelada no livro *O segredo*, de Ronda Byrne, em que ela apresenta que o ser humano é responsável por tudo que lhe ocorre, seja bom ou seja mal. O tempo todo estamos atraindo o que nos acontece, quer conscientes ou não. Como isso acontece? Simples, os pensamentos são carregados de sentimentos, emoção que vibra em uma determinada frequência atraindo as pessoas, os eventos, conforme os sentimentos e pensamentos. Ou seja, "semelhante atrai semelhante". O oposto disso só ocorre na hora da procriação, mas no caso da mente humana ele funciona atraindo assim, pedindo/sentindo, acreditando/enviando frequência para o universo, correta ou errada, e recebendo, em um processo cíclico de pedir, acreditar e receber. Não se pode comprovar, mas isso está representado nas sagradas escrituras.

Mateus (7:7 e 8): "Pedí, e dar-se-vos-á; buscai, e achareis; batei e abrir-se-vos-á. Pois TODO o que pede, recebe; e quem busca, acha; e ao que bate, abrir-se-lhe-á".

É impressionante como alguns grupos religiosos são cegos e ainda justificam suas cegueiras — lembro disso porque alguém foi chamado para pregar e durante a pregação usou por várias vezes a lei da atração, tudo muito coerente com o que se conferia àquele grupo, mas pelo fato de usar a "lei da atração" (*O segredo*), ela foi fortemente criticada, não diretamente, porque esse tipo de gente, os "donos da verdade", se esconden em uma bandeira do isso pode, aquilo não pode. "Sai dela, povo meu...", esse é o conselho do mestre.

De volta à autorresponsabilidade, que é o que a lei da atração quer apresentar e, de fato, o sujeito é responsável por sua percepção de mundo e das coisas à sua volta, não podemos impedir, por exemplo, atividades que estão fora do nosso controle, mas podemos impedir que elas fiquem e tragam devastação mental. Não se pode impedir o terremoto, mas o que se pode aprender do acontecido é fundamental para continuar apesar das dificuldades e/ou perdas. O sujeito deve ser comandante da sua alma, senhor do seu destino, conforme diz o poema, dele vem a decisão de fazer sua trajetória um sucesso ou um fracasso, e ainda: os fracassos não se constituem em um fim em si mesmos, segundo Napoleão Hill, que estudou a vida dos homens mais ricos de sua época e constatou que "o fracasso traz consigo uma semente de um sucesso equivalente". Coisas ruins acontecem o tempo todo e com todas as pessoas. Colher os aprendizados e refazer os planos é onde mora o segredo do sucesso.

O livro da Byrne é realmente impactante, apresentando em forma de documentário a lei da atração, segredo guardado ao longo dos séculos e agora revelado a todos; apesar de não ter uma comprovação científica, é um conteúdo relevante, e desde 2006, ano em que foi lançado, até hoje muitos artistas, autoridades em diversas áreas e pessoas comuns têm relatado bons resultados práticos desse conhecimento. Contudo há pessoas que confundem, corrompem e usam indevidamente o conteúdo apresentado, mas fica a dica do apóstolo Paulo "Examinai tudo. Retende o bem".

Um outro conteúdo que comunga com a ideia do livro é o que diz que o universo é mental e tudo no universo é mente. É a mente de Deus controlando cada evento no universo, tal como aparece em manuscritos muito antigos, Deus mantém o universo sob o seu comando. Nada escapa do seu eixo gravitacional. Pode até demorar, porém, cedo ou tarde, Deus o atrairá a Ele, pois dEle veio e para Ele voltará. Não precisa o ser humano experimentar a morte para estar com Deus, tal como acontecia com alguns tidos "escolhidos", que Deus conversava com eles face a face, com cada ser humano compactuar novamente, assim como no Éden, na viração do dia, Deus vinha visitar o casal, e estava lá o tempo todo por meio da grande mente, estava O Ser Supremo disponível para a comunicação.

À medida que se conhece a capacidade, o funcionamento e o poder que tem a mente criativa infinita, como se isso fosse possível, mas, mesmo não sendo capazes de penetrar esse que ainda é véu, podemos vislumbrar ainda que por um embaçado espelho que ela se manifesta, como tudo no universo, no micro da existência. Assim, como a mente humana, que age em todos os órgãos, mesmo os mais pequeninos, e até mesmo nas funções supostamente autônomas no corpo humano, também da mente de Deus dependem todas as funções do universo, seja no comando dos corpos celestes, seja nos pequenos organismos. Tudo está na mente de Deus, nós estamos na mente de Deus — aproveitemos com toda responsabilidade e dancemos juntos essa dança cósmica inaudível aos ouvidos dos surdos e aproveitemos dessa bela cena, invisível aos cegos.

Assim entendemos que existe no universo um comando central, em geral imaginamos que esse quartel general está no céu e a terra está executando seus comandos. Tal como acontece com o cérebro humano, para fazer qualquer ação corporal, membros precisam receber os impulsos nervosos enviados pelo cérebro para que as ações aconteçam. Isso se refere ao cérebro, a parte física, nossa mente é, pois, a parte abstrata, ele cria a imagem, ela cria o pensamento. Ele palpável, ela intangível. Ela se subdivide em consciente, onde está o raciocínio e a memória; o inconsciente, onde está a execução das funções básicas; e o subconsciente, responsável por decodificar e armazenar informações, transformando-as em crenças, programas, emoções e representando quem dizemos ser. Tudo isso é muito mais complexo, magnífico e grandioso. Imagine o universo como um grande corpo, no alto, o cérebro do universo, a mente do divino, Deus no controle e, aqui, os organismos vivos, os órgãos desse corpo e o ser humano como uma extensão sináptica desse grande cérebro. Tudo muito fantástico!

A capacidade da mente humana é incrível, mas desprovida da inteligência suprema e repleta de ego torna-se um amontoado de confusão e acúmulo de toda sorte de problemas. A mente, da mesma forma que ela cria situações extremamente positivas, também pode nos sabotar, quando não estamos no controle, e isso acontece o tempo todo, vivemos quase 97% do nosso tempo processando os programas automaticamente em nosso cérebro, o que significa que nossa consciência está desligada quase o tempo todo.

A sala de aula sempre traz bons exemplos — durante uma aula de redação, por exemplo, lançamos um desafio: escrever, durante um período de uma semana, de três a quatro redações. Um aluno bom, inteligente, se aproximou, conversou com o professor dizendo que estava preocupado, pois, durante o bimestre, não tinham conseguido entregar uma por semana, e agora que seriam quatro: "é quase impossível". Na hora, pelo histórico do aluno, o professor quase se sabotou e comprometia o aprendizado naquela situação. Depois de respirar profundamente, o professor disse para o aluno: "você está sabotando sua mente. Se você acredita que pode, você pode! Não diga que não consegue sem tentar, em geral, é necessário em torno de uma hora para concluir uma redação, portanto, você vai conseguir terminar em quatro horas". No dia seguinte, o aluno procurou o professor e disse que ele tinha razão, conseguira fazer duas em um dia, uma delas em uma hora. Nossa mente é incrível!

Lembro-me de alguém que havia se deparado durante muito tempo com os números 09/21, aquilo repetido por diversas vezes trouxe até seu, na época, enfermo cérebro que ela iria morrer no mês de setembro de 2021. E cada vez que os números 0921 se repetiam e eles se repetiam com muita frequência em sua vida, números de rua, placas de carros, quartos de hotéis, a cada nova aparição ela se apavorava e travava de enviar a vibração negativa de que seu fim estaria próximo. Era uma mistura de emoções. Ela enviava uma frequência errada para Deus, para si mesma e para o universo. Aos poucos começou a ficar doente, até desacreditou de Deus, de si mesma. Achava que em breve seria seu fim.

Em algum momento, porém, ela vai virar a chave. Como a vida segue seu curso natural, a moça era uma pessoa extremamente ativa, trabalhava em harmonia com as forças poderosas que não conhecem o que é derrota, o que é retroceder, essas mesmas forças até trabalham sozinhas, mas, claro, é preciso que alguém dê o pontapé inicial para o movimento necessário, ela já havia feito isso e, mesmo que sua vibração estivesse dissonante, o seu trabalho havia ganhado um impulso tão forte que desconhecia a palavra desistir, foi assim que num ato de entusiasmo ela descobre que setembro de

2021 era momento de sua mudança de fase na sua vida. Mesmo que sua vibração estivesse negativa e suas forças estivessem parando o empuxo de movimento inicial, tratou de dar continuidade àquilo que havia se iniciado e que, mesmo que uma força externa de vibração contrária quisesse impedir a animação do início, a própria natureza cuidou de se mostrar viva e eficaz, ativa e abundante, sempre lá, sempre presente, sempre viva!

A moça ainda contou que um momento decisivo para a volta do equilíbrio que estava perdido foi procurar seu grupo religioso e receber uma verdadeira cura interior. Segundo ela, havia memórias ocultas que a limitavam de seguir acreditando que ela era capaz de prosseguir e mesmo que estivesse tudo bem à sua volta havia uma situação que estava sabotando seu estado de vida intensa e que se apresentou como morte marcada, somente na água do espírito, conforme contou ela, e integrada novamente à sua chama de luz interior, poderia mais uma vez ser liberta de suas amarras mentais ocultas e compartilhar, comunicar conosco não só essa história, mas um bonito testemunho de transformação. Na empresa onde trabalha, no mês de setembro de 2021 (0921), ela alcançou um nível maior, foi uma transformação significativa, a partir dali, muitas outras conquistas que ela nem mesmo esperava foram alcançadas, naquele momento, no instante em que virou a chave para o positivo, começou a trabalhar para oferecer e alcançar seu melhor, pois sabia, agora, que o número não tinha um aspecto de morte, mas de vida, renasceu, elevou-se para um estado de ânimo, de empolgação e vibrou para as forças potentes do universo que queria oferecer mais de si para ajudar o maior número de pessoas.

O universo é mental e se corresponde com as frequências mais nobres e poderosas. Nikolas Tesla disse que, se o ser humano quiser conhecer os segredos do Universo, precisa pensar em termos de energia, frequência e vibração; cada vez mais, a ciência tem se dedicado a estudar e a comprovar o campo de força de energia e vibração que permeia tudo à nossa volta. Ainda em consonância com a mesma ideia, Napoleão Hill menciona que a energia do amor e do sexo vibram em uma frequência tão alta capaz de tornar o casal uma poderosa usina de realizações de desejos.

A prosperidade é uma vibração — dinheiro também é frequência —, as pessoas com frequência correta atraem mais dinheiro para perto de si. É muito comum levantarem teorias da conspiração para "explicar" o motivo de determinada pessoa ou grupo conseguir uma elevada quantidade de dinheiro, é bem certo que há pessoas que ainda se conectam a artifícios ilegais atraindo para si, com o dinheiro ilícito, uma carga cósmica com que terão de arcar. Mas, tirando esses, que não têm parte conosco, ou que nunca caiamos na armadilha de entrar no jogo deles, podemos obter muita quantidade em dinheiro e viver de forma próspera neste mundo colocando nossa vibração no campo certo.

Alguns exemplos práticos: a ciência, não de hoje, está cada vez mais interessada em estudar a relação da mente em nosso corpo. Acredita-se que 95% dos casos de doenças poderiam ser evitados, com uma vibração correta. A psicologia, em especial Carl Jung, estudou a influência do campo vibracional sobre o indivíduo — o inconsciente coletivo pode atuar como uma espécie de atmosfera que permeia os espaços sociais com crenças e percepções que tende a ser imitada pelos indivíduos de um determinado grupo. Esse ambiente virtual e invisível pode elevar ou baixar a frequência, tendo-se ou não consciência dele.

Sabe quando algumas pessoas dizem que não se sentiram bem em determinado local? Que sentiram um clima diferente? Ou que aquele lugar tem uma energia boa? Existem lugares tão em harmonia com as frequências do universo que só em entrar lá as pessoas já se sentem bem, enquanto outros são sugadores de energia, esses lugares adoecem, saiam dele, povo meu.

Durante crises globais, a atmosfera do medo é altíssima, de modo que a mente fica tão contaminada que chega a ser mais danosa que o próprio vírus ou doença. Carl Jung fala do inconsciente coletivo — segundo ele esse inconsciente traz a herança espiritual de toda a humanidade: se nossos ancestrais se desviaram do caminho da verdade, nosso inconsciente ficou comprometido em algum ponto da história, mas como somos todos um e estando ligados à grande fonte podemos acessar no inconsciente ancestral ativando ao nosso consciente com um novo download direto da fonte.

É possível ativar a consciência correta com relação à energia do dinheiro, da riqueza? Conforme acessamos a frequência certa, atraímos as pessoas certas, as situações certas e tudo à nossa volta vai trabalhar para nossas conquistas e para a obtenção daquilo que queremos apropriar-nos. Prosperidade é vibração, quando estamos na onda e na sintonia dela, o próprio universo estende o tapete vermelho para a realização passar e brilhar.

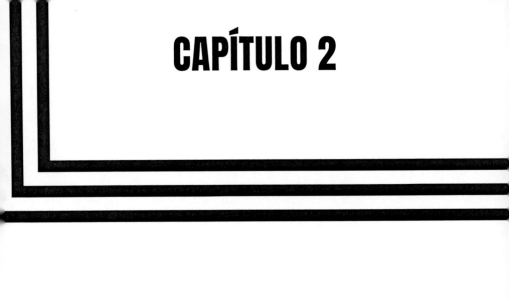

CAPÍTULO 2

A prosperidade e a vida

Não conte os passos anteriores e pare, respire fundo, encha o peito e continue andando, corra quando quiser e se puder voe.

Paulo Farias

Conceitos são signos. Conceituar palavras já não é fácil, ainda mais se a palavra for VIDA. Nietzsche vai chamar a vida de potência, ou vontade de poder. Para Schopenhauer essa vontade é um desejo de viver a plenitude (o componente invisível dos espíritos). Já para Spinoza essa vontade é a afeição que é exercida sobre o corpo e que o faz estar em movimento.

Vida, do latim "vita", estado de atividade ininterrupto comum a todos os seres. Do grego, "bio" está relacionado com o estar vivo. Por mais que haja significado e definições para vida, não há algo definitivo, específico quando se trata de conceituar vida, há muita dificuldade para definir vida.

Em Biologia, a ciência que estuda a vida, por exemplo, se busca extrair as características de um ser vivo, e não explicar a vida, pois, concluem os estudiosos, vida é um mistério. A mesma explicação que alguns dão para Deus, mas seria mesmo Deus um mistério? Deus é vida? E se Deus é vida, a vida é Deus? Na verdade Deus é. Assim ele se revela. A vida também é. É bem certo que, mesmo que Deus seja a vida, a vida não pode ser Deus, pois, quando se diz que Ele é isso, Ele está limitado a ser apenas isso, e não aquilo. Não se pode nomear o inominável. Em Deus está a vida e ela é Alma do Universo, assim como Deus, ela é imortal e eterna.

Numa TENTATIVA de explicar, vamos pensar em Deus como a inteligência criadora infinita. É como se houvesse um ponto inicial de onde emana a vida, a luz e o bem. O próprio Jesus afirmou ser o caminho, a verdade e a vida. E, ainda, João revela: "No princípio era aquele que é a Palavra, Ele era e estava com Deus [...] nele estava a vida e esta era a luz dos homens". Deus simplesmente é, e a vida é sua mais representativa "filha". E esta é, de fato, a alma próspera do expansivo universo, presente em tudo e em todos, desde o micro ao macro, e o espírito vivificador presente em todas as coisas, mesmo que latente, como na semente.

A semente em sua estabilidade ou imobilidade tende a apodrecer. Somente com a vibração adequada a semente tende a ser aquilo que nasceu para ser, planta, árvore. De igual modo, quando um ser humano não age como ser humano, mas fica em seu comodismo, tende a apodrecer, no caso da semente, mesmo apodrecendo ela ainda assim servirá de adubo à terra, no caso do ser humano, vamos chamar por enquanto de mistério.

A semente dentro da terra, em condições adequadas (umidade, temperatura, luz), tende a alterar seu equilíbrio, fazendo com que ela se desenvolva em todos os processos até se transformar naquilo que está dentro de seu programa genético. De igual modo, o ser humano tem um programa divino para ser executado, esse programa é apresentado no código genético cósmico de toda a humanidade, temos que desenvolvê-lo em todo seu processo e por completo. A natureza tem uma programação — um cronograma preparado desde o princípio, e tudo na natureza está de modo simples e correspondente cumprindo essa agenda divina, o ser humano mergulhado em si mesmo esqueceu o que veio fazer aqui. Muitos de nós voltamos aqui, tal como a semente que apodrece, porque não se manifestou adequadamente, por isso recebeu/recebemos mais uma chance de desta vez fazer melhor.

Agora voltemos a falar da reprodução das plantas. O tegumento, parte que protege o conteúdo interno, é o primeiro a se romper. Nesse conteúdo está o embrião, pequeninas estruturas que darão origem às raízes e folhas. O endosperma é um tecido de reserva nutricional, é nessa estrutura que a natureza de forma inteligente guarda todas as informações genéticas que serão apresentadas na vida do próximo ser.

Podemos perceber a grandiosidade e magnitude dos reinos: ainda nas plantas, o xilema é responsável por alimentar as raízes, levando sais minerais como potássio, fósforo e nitrogênio, enquanto o floema cuida do restante da planta, a partir da seiva que contém açúcares, aminoácidos e ácidos orgânicos. A similitude ocorre nos dois reinos, vegetal e animal, não é à toa que palavras como endosperma, angiosperma, gimnosperma têm a mesma raiz, essa que também é formadora de prosperidade. No universo nada é por acaso.

Tratando-se do homem, por exemplo, a palavra espermatozoide significa semente animal. E tal como ocorre com as plantas deve haver um movimento de oscilação, uma pulsação intrauterina para germinar, ou melhor, gerar a nova vida dentro do ser.

Na germinação, o embrião deixa o estado de latência e começa a se desenvolver. A semente absorve as condições necessárias aumentando de volume.

Na fecundação, espermatozoide e óvulo se unem (ação que, no caso das plantas, já aconteceu com a flor), da união surge o zigoto, que vai se dividir em células 2, 4, 8, 16, até formar o blastocisto e deste vai se originar o embrião.

Em ambos os casos, percebemos como toda a natureza é expansiva, ilimitada, as sementes produzidas por uma planta são inúmeras, e elas arrumam uma forma de espalhar aos quatro cantos todas as suas possibilidades de existência. Em uma ejaculação humana, são liberados milhões de espermatozoides, a ovulação, exceto por um curto período, ocorre com frequência. E em todas as espécies e reinos percebemos a expansão de produzir sempre abundantemente mais. E por quê, poderíamos pensar, uma vez que são poucas as plantas / os bebês que nascem? Para que se cumpra essa sede de querer ser sempre mais, estar em mais lugares, até as ervas daninhas querem prosperar. Toda a natureza recebeu um programa de expansão e prosperidade.

A analogia da semente é muito animadora, ela representa uma parcela de uma revelação de nossa herança divina. A semente traz consigo todos os caracteres de como será, ali naquele pequeno ser minúsculo está todo o código genético da planta original. Cada ser humano, além de desenvolver todas as características genéticas de seus progenitores, representará Aquele Ser Original, a árvore-mãe. E, tal como ocorre com uma planta adulta que não se diferencia de sua sementeira primária, assim é aquele que consegue se desenvolver à semelhança do Altíssimo, torna-se tão um com ele que será confundido com sua luz, seu calor, sua vida.

Gosto da expressão do Apóstolo Paulo: "Sede meus imitadores como eu sou de Cristo". Paulo andava tanto com Cristo que se tornou parecido com Jesus, era tão parecido com o pai que no monte da transfiguração a atmosfera celeste está ali. Bem como quando desceu Moisés do monte depois de ter estado com Deus, foi preciso o povo cobrir o rosto. Mas, em todos esses casos, com exceção do Cristo, estamos lidando com seres humanos que à semelhança de todos nós podem, sim, ser parecidos com Deus. E assim como Deus, que é o doador da vida, e sendo a vida uma extensão da riqueza e da prosperidade do universo, podemos também de igual modo ser imitadores seus, ajudando a vivificar por meio de nossas posses e bens sonhos, desejos e transformar muitas realidades.

Conceituar vida não é fácil como vimos, no entanto, há um outro conceito de vida que nos é mais conhecido e que também guarda uma relação com prosperidade e nos ajuda a querer viver em um nível mais elevado. Sempre que se relaciona algo à vida, aparece o processo de existência, que em geral remete ao processo entre nascimento e morte, entendendo a infância, vida adulta e velhice. Se pensarmos bem, nossa existência é tão passageira por este planeta que, ao invés de nos preocuparmos tanto, deveríamos, sim, nos ocuparmos mais. Quem está ocupado não tem tempo de se preocupar.

A vida, como um processo dinâmico, é extremamente complexa em todas as fases, sendo necessários muito estudos e amplo conhecimento para abarcar todas as fases, afinal de contas, perdeu-se o manual de instruções e mudou-se tudo ao redor. Mas muitos estudiosos se dedicaram a desvendar a complexidade de nossa existência. Alguns estudos recentes apontam para o que se pode chamar de auge da felicidade, que é a fase da vida em que, em geral, as pessoas são mais felizes e vivem melhor, mais ou menos por volta dos 45, mas por que precisa ser só em uma fase e por que se descobre tão tarde o benefício da felicidade? Por que não se pode viver bem em todo o tempo?

Em geral se especificam as fases da vida de diferentes modos. Respeitando os diferentes estudos, mas com uma visão ideológica vamos elaborar um esboço ideológico e interpretativo, em que os períodos obedecem a uma fase de 15 e 5 anos, nessa ordem, e as nomenclaturas não correspondem somente àquela fase descrita, mas deveria ser em todas as demais fases, exemplo, durante toda a vida devemos produzir, ser independente, respeitando os limites é claro, fazer mudanças significativas e apender é sempre. Vejamos o esquema:

Anos		
0-15	Infância	15
15-20	Adolescência	5
20-35	Produção	15
35-40	Independência	5
40-55	Estruturação	15
55-60	Negociação	5
60-75	Mudanças significativas	15
75-80	Novos aprendizados	5
80-95	Mentoria	15
95-100	Expansão	5
100-	Adequação	15

Os nomes não se referem só àquela fase específica, mas são apenas para ficar mais didático, para nossa compreensão. O próprio Jesus disse que, se não fôssemos como crianças, não entraríamos no reino dos céus, ou seja, precisamos lembrar da infância para perdoar, se divertir, viver, os casais precisam namorar como adolescentes, a produção não precisa diminuir aos 60 anos, se tiver saúde e disposição, deve ir com tudo. Há muitos mentores jovens, há muitos expansores de pouca idade, aqui só não há lugar para a estagnação, em fase nenhuma, você não pode parar.

As fases são estruturas de ideias, para se trabalhar de forma completa e consciente, sabendo que cada momento é importante e único, só não existe período que se denomine "velho", pois velho é quem parou de aprender, e quem para de aprender também parou de viver, e quem não vive já morreu. É bem difícil, mas temos muitos mortos que estão atormentando muito parentes vivos, e quando se é parente até se entende, imagine afligir outras pessoas, mas em geral essas entidades, essas almas penadas voltam para apoquentar os de casa. Para esses que pararam de aprender e, portanto, estão mortos, não tem idade, podem morrer aos 15. Dia desses recebemos uma dessas assombrações aqui em casa. Parente, ainda não tinha completado nem 60, mas já havia morrido em algumas ideias que aprendera e, estagnado no passado, fazia as mais absurdas acusações contra o próprio parente, desrespeito, difamação, maus-tratos, tudo em nome de uma falsa moral que beirava a insanidade mental. Argumentos em prol de uma ideia que ele defendia como corretíssima, a ponto de ser uma questão de apedrejamento, tortura seu descumprimento, mas praticava ele mesmo tais atos e ainda usava as ideias religiosas para se condenar. Mas sua morte espiritual era para defender a moral e os bons costumes, hipócrita, cego e surdo! E quando o encosto tem menos de 30 anos, como ideias muito parecidas? Não resolve se benzer, não sai nem com oração forte. E alguns ainda têm medo de alma do além. A expressão já diz, elas estão além/lá, se cuide, e ore pelos que estão aqui/cá.

De forma breve, vamos explorar cada uma dessas fases e ver como a prosperidade pode ser trabalhada em cada uma delas.

Infância

Por muito tempo, a infância foi e continua sendo o período da vida mais estudado. Alguns ainda dividem em primeira infância, um tempo que se estende do nascimento aos 7 anos, e segunda infância, indo até os 14 anos, final da pré-adolescência. Para muitos psicólogos, educadores, essa é a fase mais importante da vida. O período varia de 5 a 7 anos, mas, segundo o estudo, esse é o período decisivo para o estabelecimento do caráter de um ser humano. Isso é ao mesmo tempo assustador e transformador. Assustador porque muitos pais negligenciam essa fase, outros não sabem, e ainda outros não podem atender os filhos em suas necessidades emocionais e psíquicas, pois optaram por garantir sua sobrevivência. Mas também é transformador, pois o conhecimento pode levar ao trabalho cuidadoso e intencional na educação de filhos fortes e saudáveis, aptos para a chegada da nova fase.

Adolescência

É uma passagem efêmera, alguns diriam "ainda bem", pois é uma fase bem complicada, mas, quando bem instruído na infância, não há como haver desvios, mesmo que as tentações sejam muitas, o que foi encucado fica. O conselho bíblico é: "ensina o menino no caminho em que deve andar e até grande não se desviará dele" (Prov. 22:6). Ou seja, essa não é uma fase difícil, ela é consequência de um outro período antecedente, se bem trabalhado, um jardim florido, se mal administrado, um campo de espinhos. As fantasias e o uso forte da imaginação da fase anterior, aqui, nessa fase, transformam-se em sonhos, que agora bem alimentados serão as prováveis profissões e as ocupações no futuro desses prósperos seres, eles farão aquilo que gostam, e não o que a frustação, a desorientação de alguém ou, o que é ainda mais danoso, o medo levou a se dedicar e estudar.

Nessa fase é muito comum vir um monte de conselheiros indicarem as profissões, às vezes até mesmo professores; no intuito de ajudar, acabam levando esses jovens a escolherem errado. Há alguns anos, uma jovem apaixonada por música mudou para a profissão da moda daquela época, mas anos depois confessou frustrada que deveria ter feito o que gosta, isso é muito comum, mas não deveria ser, o próprio sistema de ensino acaba por enfatizar mais determinadas disciplinas, a sociedade remunera mal outros profissionais. Ou seja, deveria haver uma mudança geral para dar um sentido às nossas escolhas, porém é mais fácil culpar os adolescentes.

Produção

A produção na vida do ser humano nunca deve cessar, mas existe um momento em que ela se destaca, exatamente dos 20 aos 35 anos; o sujeito acabou de se formar e entra no mercado de trabalho com todo o gás, é o auge de seu profissionalismo, entregar ao mundo produção e produtividade, reproduz e aumenta em qualidade e em quantidade. É um momento de alta performance, o indivíduo realiza um grande número de atividades em um curto período de tempo. Eficiência na realização das tarefas, qualidade da produção e alcance de metas, tudo isso é fichinha para os sujeitos nessa idade; se houver alguém que tendo as forças físicas e psíquicas funcionando normalmente não age assim, esse ser precisa ser restabelecido. Essa é uma época em que geralmente se extrapola no uso das atividades, mas é importante haver um bom planejamento de tempo para que tudo que é essencial caiba na agenda, desde lazer e diversão. Conforme dissemos no início, é possível transitar em todas as fases independentemente da idade.

Independência

É comum a confusão que se faz em torno da palavra independência; imagina-se como se não mais tivesse que fazer algo, ou não precisar de alguém, na realidade não depender de algo significa que você ampliou de modo natural seu crescimento, sua recuperação, sua maturidade, que aquilo é agora opcional, não que você precise se afastar, embora às vezes o afastamento se faça necessário. Como país sempre vamos depender de outros, inclusive de Portugal. O adolescente depende dos pais, não como precisava quando era criança, e continuará precisando, mesmo depois de adulto, não financeiramente, mas emocionalmente. A independência financeira não significa que não se vai trabalhar, mas que se pode agora escolher melhor as opções. Assim é a fase da independência, você respira, desacelera um pouco da fase anterior de constante movimento e se prepara para a próxima etapa.

Estruturação

Nessa etapa, que lembra muito a fase não fase, ou seja, a embrionária, em que as partes iam se juntando umas às outras, e as outras às umas e todas formando tecidos, órgãos, parte e corpo estrutural. Aqui da mesma forma as lembranças do que foi e do que poderá ser serão arquitetadas, organizadas e formarão o cabedal de informação que esse sujeito usará para refazer sua vida nos próximos anos. Aqui ele não para de produzir, mas como já passou pela fase da independência, em sua estruturação emocional, psíquica e empresarial já se tornou autônomo.

Negociação

Já pode agora negociar até com as estrelas. Aos e até após os 60, depois de viver décadas, a clareza e a precisão nas ideias é uma habilidade conquistada, se pode visitar mundos diferentes, já se viu impérios surgirem e gigantes caírem, já se criou filhos, netos e a terceira geração já prepara a próxima, a mente não deixou de se reciclar, está atual e já tem os próximos programas e os próximos downloads, afinal o que virá trará novo sentido para a vida.

Mudanças significativas

A vida revela-se dinâmica e complexa, nada daquilo que nos ensinaram era o todo de sua totalidade. Mas antes de descobrir o novo de novo é preciso uma transformação nos sentidos, pequenos passos diários, afinal quem tem pressa não perde tempo. Essas mudanças já foram, mas voltam a ser, foram porque é preciso mudar sempre, são porque mudança que ocorre só uma vez não traz significado. Agora mais cheios de vida, afinal quanto mais idade, mais experiente se fica, mais vivo se está. Em inglês não se pergunta quando anos temos, mas quão velho se é. Em verdade o certo seria quão vivo você está, e a resposta seria: estou, neste corpo, vivo há 77 anos.

Novos aprendizados

Nova vida, pois aprender é viver e quanto mais se aprende, mais se vive, ou será o contrário? Não se pode aprender tudo em uma só existência, em cada fase, uma nova experiência, e a cada experiência novos arquivos na biblioteca do espaço-tempo. Uma vida é um emaranhado de aprendizado, mas uma vida bem vivida é um espetáculo singular de luz, cor e som.

Mentoria

Dentro de muitas doutrinas religiosas a figura do mentor ou guia espiritual é muito importante — ele auxilia em assuntos difíceis e ajuda na transmissão do saber sobrenatural para a comunidade religiosa —, assim foi com os grandes líderes das mais diversas religiões do mundo — mas um mentor não precisa estar no mundo dos espíritos, podemos e precisamos contactar os mentores, alguém de carne e osso — esse sujeito traz ânimo, dinamismo, esclarecimento. Seus conselhos são para te fazer refletir — não julga e não traz o bolo pronto, apresenta os ingredientes e passa a receita, o resultado é com o mentorado, sabe que cada sujeito tem seus próprios processos, e respeita cada um, mesmo sabendo muitas vezes o fim, a ninguém expõe, apenas orienta e fortalece tanto a indivíduos, quanto a grupos, tanto na vida pessoal quanto na vida espiritual. Ele, como quem acaba de receber novas informações, incentiva na jornada por novos conhecimentos a fim de obter ele mesmo mais sabedoria e melhor entendimento da vida. Ele é agora ainda mais apaixonado pela Sabedoria.

Expansão

E graças à Sabedoria sua mente se expandiu, ele entende que não está sozinho no universo, ele mesmo é parte do verso desse uno. Viajou para dentro de si e descobriu que nada sabia, pois quanto mais cheio, mais vazio. Ele conseguiu alargar bastante suas fronteiras. Fez um pacto com a vida e ajuda a expandir os horizontes daqueles que com ele entram em contato.

Adequação

Mais uma vez, essa fase, que não é a última da existência, ela lembra as fases iniciais de aprendizado e acomodação, é o ajustamento adequado da nova realidade — a máquina já não responde mais como se gostaria, mas ao menos está realizado e sem pesos na consciência, viveu tão bem sua vida que agora tudo o que vier continuará sendo uma bênção, a idade não deve impedir de ser produtivo e fazer o bem.

Conforme disse Junter Hunter, "Pensamentos viram ações, ações viram hábitos, hábitos viram caráter e o caráter vira destino". Se não soubermos como cultivar bem nossos pensamentos, nosso destino e o destino do planeta estarão comprometidos.

Por que o pico da felicidade deve estar nessa ou naquela fase? A felicidade é uma conquista diária de todos os seres, seja na infância, na adolescência ou na idade adulta. A prosperidade está diretamente relacionada com a vida, uma vez que é por meio da vida que produzimos — existimos — nos movemos. Somos seres destinados a viver o melhor dessa vida, mas infelizmente somos ensinados desde cedo a negar nossa identidade como ser vivo. Nossa autoimagem é distorcida, mas não precisa ser sempre assim, podemos alterar nossa percepção e mudar a realidade.

Desde a psicanálise de Sigmund Freud, passando pela teoria psicossocial de Erik Erikson, a epistemologia genética de Jean Piaget, Vygotsky, Wallon, os fatores do desenvolvimento humano, tais como crescimento, maturação, sistema nervoso, sistema endócrino, são estudados e analisados sem uma definição muito clara de quem somos em essência, mas, quando olhamos para dentro, esse exame de introspecção nos faz enxergar com clareza que não somos só matéria, que se tem uma causa inicial a qual permeia todos os aspectos de nossa existência aqui neste planeta.

Alguns estudos apresentam que é em determinada fase da vida que as pessoas são mais isso, ou mais aquilo, felizes, realizadas, e muitas são assim porque vivem com menos preocupação, não ligam para o que os outros dizem, ou pensam deles, mas toda a felicidade em toda a vida pode ser experimentada por inteiro, sem perdas nem exageros. Em cada fase, o ser humano precisa reconhecer e desbloquear suas travas, buscar e trabalhar suas habilidades de cada período, acessar o potencial divino e viver o melhor da vida. Fazendo isso o sujeito não permitirá que nada impeça de experimentar as bênçãos do divino criador.

A prosperidade na vida, ou a prosperidade ligada à vida, é justamente desbloquear todos os acessos do divino em nós, dentro e fora, dentro para acessos como indivíduo, que traz ao mundo uma marca que ele veio trazer, fora, como coletivo, trabalhador do cosmos, servidor da luz divina e responsável pela cura de outros indivíduos. É a verdadeira mudança que o ser humano precisa fazer o quanto antes e em todos os períodos de sua rápida passagem por este planeta — ter uma mentalidade de partilha, expansão e melhoras. A chave para a transformação está no ser humano e essa chave tem sua ignição no cérebro. Mesmo com as frustrações, os fracassos, as falhas no resultado em nosso processo evolucionário, precisamos continuar, respeitar nossos processos, entender que nem sempre vamos colher os frutos já nos primeiros plantios, mas nosso "fim" será glorioso, tudo que vivemos serviu para preparar para esse algo grandioso e glorioso, que não é o fim em si mesmo, mas o início de um novo processo que virá.

Temos várias áreas na nossa vida: espiritual, familiar, profissional, emocional, e em todas essas áreas nós adquirimos crenças, essas crenças ou nos fazem avançar ou trabalham para nossa estagnação, por isso é muito importante que em cada área da vida sejam trabalhadas as habilidades necessárias para o avanço da obra divina em nós. Dedicação para transformação. Cada fase da vida uma nova conquista, desbloqueios e novos downloads...

Deus não joga dados, nossa vida aqui é por um propósito maior. Ele não se engana. A vida é um ciclo, uma roda em espiral, o que foi voltará a ser, e aquilo que será já foi, mas nos esquecemos disso e daquilo. E voltamos e entramos de novo na roda de samsara, para mais uma vez tentar sanar dores e apagar mágoas.

Um viajante do tempo em seus devaneios disse certa vez: "Se algum dia o cavaleiro das trevas tentá-lo, dizendo que nada disso valeu a pena, lutar, se esforçar... ele mente, mente como sempre o fez, é para isso que ele foi criado, tentá-lo. Sim, vale a pena, valeu a pena e faríamos tudo de novo e de novo, somente pelo fato de que o importante não foi o ontem, mas o agora, o viver cada conquista, saber que o Modelo celeste de perfeição nos aguarda, felizes hoje, aqui e agora, mesmo sem entender o todo do processo, sabemos que valeu a pena".

ATIVIDADE PRÁTICA

Acompanhe as fases de uma borboleta (ovo, lagarta, casulo...), tome nota e adquira mais consciência de que tudo na vida tem fase, tem um tempo certo para acontecer e deixar de ser.

Sugestão: construa seu próprio borboletário em casa — encontre as larvas, as ponha em um recipiente arejado, limpo e enxuto, coloque o mesmo alimento de onde elas foram encontradas, limpe e higienize com frequência. Pronto, o que resta é acompanhar que as borboletas saiam de seus casulos para que você as solte na natureza.

Deixe aqui seus registros

CAPÍTULO 3

Desenvolvimento

Quando estiver caminhando por uma ladeira muito íngreme, não olhe para o topo, você pode se cansar, olhe apenas para o próximo passo que dará.

O que importa mesmo não é o fim, e sim a caminhada.

Corá Coralina

A Bíblia afirma, em Lucas 5: 52, que: "Jesus crescia em sabedoria, em estatura e em graça diante de Deus e dos homens". O verso apresenta um desenvolvimento pleno da capacidade física, mental e espiritual. Essa capacidade era realidade tanto do reino celeste como na terra. Ele estava desenvolvendo-se em seu máximo esplendor e formosura.

O desenvolvimento ou crescimento está atrelado a tudo que existe dentro e fora dos limites do físico e do extrafísico. Alguém pode crescer em estatura, profundidade, consciência, fé, sabedoria, graça etc. Para que o ser humano prospere em todos os aspectos da sua vida, é necessário que haja um crescimento expansivo e dinâmico. Portanto, dois elementos são essenciais, um interno e outro externo. Uma vontade intrínseca e as condições adequadas. Se não tem a segunda, a primeira pode fazer surgir, porém essa vontade precisa ser extremamente forte. Aqui vale ressaltar a importância de se viver por uma missão; para quem vive por uma razão maior, os meios não importam; se buscares primeiro o reino de Deus, todas as demais coisas vêm como consequência.

Em verdade, há no universo uma força de manutenção e expansão das coisas tanto físicas como espirituais; na medida em que o ser humano se apropria dela, ela lhe obedece, entretanto, a tentativa de dominá-la a repele. Ela é uma força de acomodação. Acomoda-se na forma a qual é comunicada. Por isso o maior segredo para o crescimento é a comunicação. Quanto maior e mais assertiva for essa comunicação, melhor e mais eficiente será o resultado de crescimento e expansão.

Essa força ou substância altamente inteligente tem forma, mas está informe, para vir à existência naquilo que deseja o ser humano, é preciso que este desenvolva uma comunicação eficiente, uma disponibilidade para estar atento aos sinais do universo, pois ela/ele trabalha, assim como tudo no Todo, trabalha pelo Todo, em prol do Todo e de todos. Essa é, portanto, a disponibilidade daqueles que desejam implantar a substância em sua vida, em seu desenvolvimento. Estar no Todo, trabalhar para o Todo, abençoando a todos. A substância/força/poder consegue prender por meio de suas "antenas de captação" toda vibração à sua volta. E dela emana o crescimento de plantas, comunidades, ideias, desejos. Ela está ansiosa para fazer negócio com o maior número de pessoas, e quanto maior for sua negociação, maior será o benefício do Todo para todos.

Surgir, aumentar, crescer, essas são as ações que envolvem ou antecedem o ato de desenvolver, que é fazer aparecer algo que estava tolhido, impedido de vir a ser o que deveria ser por um impedimento físico ou mental. A etimologia de desenvolver (volvere) tem, ainda, o sentido de rolar ou fazer girar. É o dinheiro, por exemplo, que gira as rodas do mundo fazendo-o desenvolver-se e estar cada vez mais melhorado. Com relação ao desenvolvimento de países, algumas características são importantes, especialmente as que envolvem economia e qualidade de vida — países como Noruega, Suíça e Irlanda possuem um ótimo desenvolvimento econômico e a qualidade de vida é excelente, com uma expectativa de vida alta, ademais na educação a qualidade é modelo para outros países e a distribuição de renda é homogênea. As empresas com desenvolvimento exponencial também deixam um registro significativo na história, em geral elas, assim como acontece nos melhores países, elas também trabalham principalmente dois pilares: o econômico e o indivíduo.

Um sujeito bem-sucedido também apresenta algumas características comuns, entre elas estão: definição de sucesso, ter mentalidade de crescimento, ser proativo, acreditar em si e no potencial de seu negócio, comprometer-se com o que é mais importante, ser um sonhador e um realizador, ademais, mas não menos importante, ter disciplina e ser ético. É comum as pessoas iniciarem um negócio próprio e nas primeiras dificuldades desistirem. A ideia surge no seu coração, mas muitas delas não se desenvolvem, algumas até crescem, depois aumentam em lucratividade, mas só vão prosperar se seus donos permitirem fazer girar a tal ponto que automatizem. Só no automático controlado é que um negócio gerou valor social, financeiro, transcendental, ou seja, prosperou de verdade.

Alguns jovens costumam preocupar-se que nasceram numa geração em que tudo já foi criado e há pouco espaço para inovações, enquanto sua ocupação deveria ser o que ainda falta ser melhorado, ou o que ainda não foi inventado. A cada dia, novas ideias vão surgindo; em cada curto espaço de tempo, novos negócios, aparelhos, novas técnicas para melhorar o processo de ensino e aprendizagem, melhorar tratamentos médicos, facilitar na vida doméstica, no campo, na comunicação, todo ano surgem novas patentes, novos ricos, e tudo isso foi feito por alguém que ousou pensar fora da sua zona de conforto.

Esta é a melhor época para se viver, aprender e inventar novos negócios. Outrora o conhecimento era para poucos afortunados que podiam pagar por ele, a outros lhes restava buscar pela informação em bibliotecas públicas e ainda outros, afastados dos grandes centros, nem mesmo isso ou aquilo, já que não tinham as bibliotecas e eram desprovidos dos recursos. Hoje, graças ao desenvolvimento da tecnologia, ao passo de um clique é possível ter acesso a uma infinidade de temas e títulos. Também é possível visitar museus, locais históricos, assistir a cursos e palestras no conforto do sofá.

Estamos na era da informação, graças ao desenvolvimento de uma ideia que surgiu, aumentou, prosperou. A tecnologia da comunicação em massa é uma realidade pensada e trabalhada por muitas mentes, por um período de tempo, e hoje ajuda milhares de pessoas a acessar informação de muitos lugares, em tempo recorde, com um custo bastante acessível. Em um curto espaço de tempo, a tecnologia mudou toda a trajetória da humanidade e a nossa forma de conceber a realidade. Nossas conexões mudaram, mas não podemos nos esquecer de quem somos, do calor humano que nos faz ser quem somos, nossa forma de conhecer mudou e tudo isso deve aproximar-nos ainda mais de nossas verdadeiras potencialidades. Especialmente para aqueles que já aprenderam a condicionar a sua mente a ser cada vez mais, cada vez melhor, a tecnologia é uma excelente ferramenta.

Desenvolver-se é um processo, muitas vezes silencioso e solitário, somente quem está cultivando algo sabe que em breve virá a existência. Um belo jardim, antes de vir a ser propriamente belo, precisou existir no frio e no oculto da terra. O lindo bebê precisou passar por um desenvolvimento intrauterino, antes de vir a ser. A construção de um grande edifício precisou passar por uma planta, muito tempo, esforço e o suor de muita gente. Tudo precisou desenvolver-se antes de estar visível, as grandes ideias iniciam-se na mente, nesse imenso aparelho universal são desenvolvidas todas as ideias do que já existiu e do que virá a ser, no entanto, ser não é, em si, um fim, o jardim, o bebê e até a grande construção precisam de desenvolvimento, o jardim, de cuidados periódicos e inovação constante para continuar sendo belo, novas flores, renovação maior a cada estação. O bebê é o melhor exemplo disso, já está perfeito como é, mas não em seu potencial máximo; se não fosse respeitado cada processo de mudança e desenvolvimento, ele não poderia vir a ser o que nasceu para ser — humano. A grande construção imponente parece ser um exemplo difícil de desenvolver-se mais, afinal ela foi finalizada e só precisaria de manutenção e cuidados, mas o tempo muda e com as mudanças a necessidade de melhorias, novas exigências, melhores aparatos, não é à toa que muitas construções antigas já prontas têm que agregar novos aparatos tecnológicos para conseguir sobreviver. São fios, encanações, fachadas, substituições disso e daquilo, para responder à nova demanda de mercado. Assim como tudo, a todo tempo, está precisando desenvolver-se, a máquina humana precisa conhecer os novos rumos da humanidade, para se preparar e estar preparado. Existem muitas mudanças que devem ser feitas e não há outro agente capaz de fazer senão o ser humano.

Desenvolver também carrega consigo a ideia do intenso e contínuo melhoramento. Crescer/desenvolver tem uma relação com aumento de tamanho, volume ou forma, também pode ter sentido de intenso e grande. Para uma comunidade que tem como modelo o Cristo, seu alvo maior é o crescimento até alcançar a estatura de varão perfeito, a estatura do Cristo. Aquele que alcança esse patamar está em contato tão forte com o Altíssimo que tudo que ele faz é bênção, crescimento e expansão para o universo. Esse sujeito já é cocriador com Deus. Seguramente, não estamos nos referindo a uma religião específica, mas a um conceito que perpassa as considerações religiosos e atinge a todas as pessoas no universo manifestado. Cristo é a manifestação física do ser metafísico, Ele é a revelação visível do invisível, é um grande mistério que permeia os espaços cósmicos do universo, só entenderemos de fato o significado de tudo isso quando estivermos em um estágio maior de evolução humana, até a expressão evolução soará estranha para alguns, mas de fato estamos, sim, hoje, e todos estão, em um estágio melhor que antes, e estaremos ainda melhores amanhã. E isso não é otimismo, é fato, nosso conhecimento ampliou-se, nossa tecnologia melhora a cada dia, nossa mentalidade de medo e passividade diante dos problemas deu lugar a uma solução que depende de sermos melhores hoje e agora. E mesmo que haja alguns que sucumbiram às antigas formas profanas, insistem em continuar adorando o bezerro de ouro, há muitos que deixam as fontes impuras da idolatria e tornam-se a cada dia puros, libertos e próximos da imortalidade.

ATIVIDADE PRÁTICA

A sugestão para esta atividade está baseada no monoconto de Joseph Campbell e como pano de fundo vamos analisar a história de Jesus como inspiração para reescrever nosso próprio crescimento ou desenvolvimento neste planeta. Você também pode se aprofundar melhor no conhecimento das ideias desse autor.

1. **O mundo comum:** Jesus vivia tranquilo como carpinteiro, mesma profissão do pai terreno, porém, em nome do Pai Celeste, sabia que tinha uma missão a cumprir no planeta Terra.

2. **O chamado à aventura:** em um casamento, em Canaã da Galileia, no momento em que faltou vinho, Jesus realizaria seu primeiro milagre, decisão que o tiraria definitivamente de seu mundinho.

3. **Recusa ao chamado:** no caso de Jesus, não era uma recusa, pois Ele sabia exatamente o que deveria fazer, porém, ao pedido da mãe e na possibilidade de transformar água em vinho, consciente de que aquela era uma decisão irrevogável, disse que aquela não seria a sua hora.

4. **Encontro com o mentor:** Deus, o pai, era o próprio mentor de Jesus, porém, para que em tudo fosse nosso exemplo, João é o mentor terreno, o batiza e confirma seu chamado. Logo após o batismo, vence a tentação no deserto.

5. **Cruzamento do primeiro portal:** início do breve ministério terreno. Jesus é ainda mais empoderado de sua missão, não é um homem comum, não mais pertence àquela comunidade, seu alcance é maior.

6. **Provas, aliados e inimigo:** faz novos amigos, os discípulos, e também inimigos, os sacerdotes do templo. Faz mais

milagres, defende os oprimidos, prega ousadamente o amor genuíno e se opõe às injustiças.

7. A aproximação: Jesus entra em Jerusalém de forma triunfal; afronta os mercadores do templo, atrai ainda mais a revolta dos homens da lei e é julgado por Pilatos.

8. A provação: considerado culpado e condenado à morte na cruz.

9. Recompensa: cumpriu o que diziam as escrituras, conforme todas as profecias apontavam: o cordeiro imaculado de Deus que tira o pecado do mundo.

10. O Caminho de Volta: ressuscita e aparece para alguns dos seus discípulos, apresenta-lhes as chagas e comunica suas verdades.

11. Ressurreição do Herói: o dia de Pentecostes, preparo para os discípulos pregarem com ousadia, Jesus retornaria à casa do Pai.

12. Regresso com o Elixir: finalmente Jesus se tornou exemplo e modelo da humanidade. Foi ao Pai, apontou o caminho, se fez caminho.

Agora é a sua vez: reescreva sua história com poder e autoridade, sendo você o protagonista de sua própria narrativa. Estamos com você, compartilhe conosco sua tarefa.

1. O mundo comum: você em sua zona de conforto.

_____

_____

_____

2. O chamado à aventura: algo vai acontecer/provocá-lo a sair de sua passividade. Pode ser a leitura deste livro.

_____

_____

_____

3. **Recusa ao chamado:** você pode até resistir, mas agora sabe que tem um chamado maior, uma estrada sem retorno, pois você mesmo queimará as pontes atrás.

_____
_____
_____

4. **Encontro com o mentor:** quem é o seu mentor? Ou os mentores? São eles que te auxiliam na jornada.

_____
_____
_____

5. **Cruzamento do primeiro portal:** você deixará o mundo comum, pois sabe que é parte maior de um grande propósito.

_____
_____
_____

6. **Provas, aliados e inimigo:** provocações e provas — aliados e inimigos surgirão.

_____
_____
_____

7. **A aproximação:** as primeiras conquistas.

_____
_____
_____

8. **A provação:** momento decisivo — vida ou morte!

_____
_____
_____
_____

9. Recompensa: *você venceu* — agora é conhecedor, na prática, de que, sim, é possível. Tem o "elixir" e poderá ser empregado para o benefício de mais pessoas.

_____

_____

_____

_____

10. O Caminho de Volta: você que retornar e apresentar para os demais o "elixir", o segredo, mas algo precisa ser feito.

_____

_____

_____

_____

11. Ressurreição do Herói: teste para mostrar que você é capaz de ser um verdadeiro herói.

_____

_____

_____

_____

_____

12. Regresso com o Elixir: retorno para casa e ajuda ao maior número de pessoas.

_____

_____

_____

_____

CAPÍTULO 4

Progresso

> *Pede — recebe.*
> *Bate — abre.*
> *Busca — acha.*
>
> *(Jesus)*

Desenvolver e progredir. Sem o primeiro, o segundo não acontece, e sem o segundo o primeiro é estagnação e repetição passiva. Se desenvolver tem o sentido de fazer girar, o progresso tem forte relação com o sentido de tornar algo bom em ótimo e esse ótimo em melhor ainda até atingir sua excelência, e não uma excelência estancada, mas constante avanço até o progresso, a perfeição.

No Brasil, a palavra progresso já lembra o lema estampado na bandeira — ordem e progresso. Influência do francês, com seu positivismo, Auguste Comte. Influenciado pelas revoluções francesas e industriais, o sociólogo via no positivismo uma saída para solucionar ou amenizar os problemas sociais que surgiram advindos do crescimento das sociedades. Percebe-se que o crescer de forma desordenada traz consigo um problema. Algumas pragas, na agricultura, por exemplo, que ocorrem são em virtude dessa falha, ou desse crescimento desordenado. A própria natureza, sábia como é, criou os predadores para que nenhuma espécie seja ameaçada. Nesse caso, para o ser humano, Comte propõe que o cientificismo seja substituído pelas ideias metafísica e teológica de explicar o comportamento social. Talvez sua falha tenha sido excluir, ao invés de juntar as ideias, essa é uma falha que não somente ele cometeu, muitos outros excluíram e excluem o Espírito / a Mente / Deus da equação. A ciência fez sua exclusão e tornou-se materialista, a medicina também o fez e tornou-se mecanicista e secular. A religião também excluiu, ela excluiu a matéria e tornou-se vazia e sem sentido pleno, trabalha com o lá, mas não com o aqui, lida com o existente que não se vê, havendo assim uma deliberada acomodação e até estagnação, esperando viver em um espaço-tempo que nunca vem e de fato não existe, pois Deus a seu tempo deu de presente o tempo presente.

Bem, fato é que suas ideias de "Amor por princípio e a ordem por base; e o progresso por fim" estão e estarão para sempre estampando a nação verde e amarela; se não fosse uma mentalidade de desamor/acomodação/espera passiva pelo outro, desordem/descaso/estagnação, teríamos, sim, uma nação próspera, progressista.

Essa mentalidade é muitas vezes inconsciente, mas há cada vez mais um impulso de mudança, surge uma geração de verdadeiros patriotas que visam empoderar não somente a si mesmos como ser humano, nem somente o Brasil como pátria amada, mas pessoas que buscam melhorar o mundo, o planeta como um todo, são pessoas que estão tão seguras de si que veem nos outros o potencial que cada um carrega consigo, independentemente de tribo, reino, povo, nação ou língua. Essas pessoas amam não só o Brasil, mas amam o ser humano, amam e acreditam no ser como um só corpo, sabem que, se temos a chance de ajudar o outro, isso é antes de tudo um dever sagrado, é nossa sagrada missão ajudar o outro, dar-lhe chance de sermos iguais; se assim não for, não poderemos nunca crescer, pois só se cresce se for junto.

Precisamos entender que enquanto um passa fome, todos padecemos de comida. Enquanto um não tem um teto, todos estamos desabrigados. Somos um. Um mesmo DNA humano, uma mesma origem, com diversas histórias características que nos unem, nos tornam únicos, distintos, contudo sem perder a nossa essência, a chispa da divindade, que está em cada um e que nos torna um com o Uno. Muitas são as histórias que nos ajudam a entender melhor que por uma única pessoa pode uma geração inteira prosperar.

Ao analisar a história bíblica de José, percebemos, entre outras, as seguintes lições. Primeira: por um só ser humano, uma nação, uma geração inteira foi abençoada. A seca foi geral, não atingiu somente o Egito, o povo hebreu e outras nações também se beneficiaram do plano de José de estocar alimento. Segunda: a divindade não tem seus preteridos, ela distribui bênçãos a todos. Todas as nações foram agraciadas. O Deus que atuou por meio de José não era o Deus dessa ou daquela tribo distinta, era o Deus de todos os povos. Que sem distinção faz "raiar o sol sobre maus e bons e derrama chuva sobre justos e injustos". É claro que alguns reconhecem, outros agradecem, e ainda outros se favorecem. Quando o ser humano, além de reconhecer e agradecer, trabalha em consonância com Deus, tudo se torna diferente — essa é a perfeita lei (confiança no poder invisível) que deseja atuar assim como atuou por meio de José e outros tantos.

E, por fim, a terceira lição: não há progresso desprovido de um bom plano de ação. Muitas vezes a crise se mostra como um revés para a pessoa/nação progredir. Caso o rei não tivesse sido comunicativo, conectado, não teria sabido de José. Se fosse intolerante, mataria José, afinal, ele servia a um deus estranho, perderia sua chance de fazer direito. Caso fosse inseguro, não daria a José, um estrangeiro, escravo, o direito de governar. Caso o rei não tivesse agido com sabedoria, teria estragado os planos para fazer a nação prosperar. A adversidade, a crise foi o trampolim para o progresso da nação e de todos que estavam à sua volta, pois, quando um cresce, todos crescem, quando o progresso acontece, ele vem para todos.

Para um progresso adequado, necessita-se de uma educação adequada. A exemplo de todos os outros países que progrediram economicamente, que o fizeram porque investiram pesado em educação. Quando se fala em investimento pesado, alguns pensam que isso deve ser da competência dos governos e instituições; de fato estes devem buscar, sim, ampliar seus insumos em educação, mas não somente eles, os pais, e os próprios indivíduos devem entender que sem uma melhoria acadêmica adequada e contínua, o sujeito ficará obsoleto, a exemplo de um aparelho que está em desuso por ter sido substituído por outro que faz agora a mesma função do anterior e outras tantas, sem custos adicionais. Sem um ensino de qualidade, todo o futuro está comprometido, sociedade e indivíduos perecem.

Agora que se tem consciência de que é preciso investir e que não deve ser apenas iniciativa de governos, a grande questão é: onde investir? Paulo Freire já alertava com relação à educação bancária — apontando para o tratamento que muitos sistemas dão ao alunado — estes são considerados apenas como vasos onde é depositado o conhecimento, nesse sistema o professor é suposto retentor do saber, o aluno repetidor desse saber. Não há uma construção conjunta, não se parte do ponto de vista da realidade do aluno: "Finge que aprende, que finjo que ensino". A educação é o melhor investimento, dela provém a competência para uma vida de sucesso, mas é preciso que o sujeito esteja pronto para enfrentar as situações em contexto de realidade atual. Há duas situações em nosso sistema educacional, a persistência de um ensino bancário e o preparo robótico para responder às questões de exames, vestibulares.

Pode parecer contrassenso que os alunos, clientes da educação bancária, não estejam prontos academicamente quando estão preparados para entrar nas faculdades, contudo não basta apenas entrar, precisam permanecer e não somente permanecer, mas exercer, e exercer de maneira comprometida consigo e com a sociedade, entregando ao mundo aquilo que um dia lhe foi outorgado: aprendizagem plena, acessando esse nível o estudante é de fato um protagonista, o autor de sua história, construtor de sua realidade.

A educação brasileira deu um passo para alcançar a maestria nesse requisito, ao implantar a nova disciplina, no novo ensino médio, Projeto de Vida, que, entre outros, visa ampliar a tríade que integra o sujeito em sua inteireza física, mental e espiritual. A disciplina, pois, trabalha com os aspectos pessoais, profissionais e para além de si. Os primeiros se configuram por aquilo que o sujeito tem de habilidade pessoais, sonhos e desejos; a segunda: como aplicar essa habilidade dentro de sua profissão; e por último deverá o sujeito achar algo maior, uma causa, seja social ou algo que transcenda sua existência simples e que possa trabalhar por ela. Tudo isso já bem conhecido pelos japoneses, e não faz pouco tempo se espalhou pelo mundo o IKIGAI: com quatro perguntas, consegue-se encontrar seu propósito de vida, vivendo assim de forma equilibrada, feliz e próspero.

As perguntas são:
- O que amo fazer?
- O que faço bem feito?
- O que o mundo precisa?
- No que posso ser pago?

Respondendo a isso você encontra sua:

PAIXÃO - MISSÃO - VOCAÇÃO - PROFISSÃO

Se olharmos para colégios confessionais, a ideia deveria ser: cuidado e preparação não somente para esta vida. Não afastamento dos cuidados terrenos, mas uma preparação do espírito, ou seja, viver para um bem maior, um supremo amor pelo próximo, uma devotada compaixão em servir a humanidade e desenvolver-se espiritualmente. Mas esse tipo de discussão não existe nas salas de aula, tampouco em projetos escolares. Vivemos tão aquém dessa realidade que o simples fato de mencionar a realidade espiritual de modo mais prático já é motivo de estranhamento e crítica. A realidade de alguns institutos, supostos religiosos, é maquiar dados, manipular o sistema para apresentar seus "nobres" feitos, tudo em nome de um senhor secular. Substituíram a verdadeira adoração espiritual, que é muito mais benéfica, fraterna e universal, por uma egolatria, desumanização e maléfica, constituída desde o jardim, quando ouviu Eva o sibilo da serpente.

Um falso deus que entronizaram em algumas escolas confessionais, advindo de outros setores da sociedade. Mas não surgiu lá, agora, foi justamente com a ajuda daqueles que deveriam combatê-lo e há muito tempo que esse inimigo invisível se fortaleceu e dominou as esferas da nossa existência. A própria religião que, além de não combater o mau gênio, falhou em não cumprir seu papel de ligar o ser humano à Divindade e criou os ídolos. A educação transformadora pode iluminar as densas trevas nas quais se envolveu o ser humano, mas é preciso haver mudança.

Alunos marionetes de seus estudos de caso, professores robôs dogmáticos, se houver uma desprogramação (ficar doente) e não for possível um reparo, o mais seguro e lucrativo é substituir. E com urgência, que a obra do Senhor tem que continuar. Continuar estragada e dar frutos estragados. Continua-se formando pessoas egoístas terrenas, nas escolas públicas, e celestes, nas confessionais. Já foram alertadas, há muito, por um certo Galileu, e quantos outros. E ainda quantos mais outros precisarão ser mortos?

O dia do acerto de contas vem e perto está, mas, graças ao espírito da justiça, bondade, fraternidade e amor, uma luz de esperança surge. Já não era sem tempo. Algumas mudanças são prometidas. De fato, elas só serão realidade quando um grande despertar começar a acontecer e despontar no coração de homens, mulheres, jovens e crianças, que já estão sendo educados para a transformação do mundo.

Essa transformação só se dará quando começarem a entender que salvação e educação não têm separação, ambas deveriam andar de mãos dadas desde o delinear de nossa consciência. Redenção — autoeducação — realização. Essas três palavras foram, nessa ordem, mal interpretadas, confundidas, negligenciadas. Mas o progresso verdadeiro está muito mais próximo agora, vivemos um verdadeiro despertar, às pessoas está disponível a informação, desta vem o conhecimento, este se transformando em experiência prática, e a revolução acontece.

Conforme começamos o capítulo com o lema da bandeira do Brasil, "ordem e progresso", não perderíamos a chance de concluí-lo sem mencionar o lema da maior cidade do país, "Non ducor, duco", expressão latina que quer dizer "não sou conduzido, conduzo" e que parece expressar bem a marcha que a cidade de São Paulo tem com o restante do país. Com uma mistura variada de culturas e povos, a capital econômica brasileira parece agregar não somente as crenças e as diferenças mundiais, ela se apresenta como a retentora do progresso da nação. Dito desde o início de sua formação que seria o estado condutor, e parece ter criado para si essa aura de poder, tornou-se aquilo que articulava ser desde o princípio.

E progredir é isso, repetir e repetir até a automatização, e uma vez no automático vem uma nova provocação interna ou externa que traga um novo e gradual aperfeiçoamento. Significa que deve haver sempre um avanço do conhecido para atingir as potencialidades, a perfeição.

O melhoramento, seja dos indivíduos ou das nações, traz consigo um prazer, uma sensação de alegria e entusiasmo que acaba por produzir no sujeito algo cada vez melhor. A desestabilidade temporal, programada, é necessária. Ela traz consigo uma sensação de vazio, de improdutividade e até mesmo de descontentamento, o que deve provocar uma tomada de decisão para o reestabelecimento do equilíbrio. O conformismo faz com que o prazer e a alegria do passado sejam a única realidade, adoecendo com o tempo seu possuidor. A não conformidade faz com que esse corpo volte a produzir, mesmo que seja sozinho, essa reação de desequilíbrio para novamente experimentar um equilibrado progresso.

Que seja reafirmado. Prosperamos sempre juntos, com o outro, e não, e nunca contra o outro. Precisamos trabalhar como uma única família. A família humana. Precisamos preparar o próximo passo que a humanidade dará. E a única esperança é prosperarmos juntos.

ATIVIDADE PRÁTICA

Para esta atividade, sugerimos que faça exercícios para encontrar seu IKIGAI — encontre um site ou livro especializado para que sua experiência seja ainda mais segura.

1. O que você ama fazer?
2. O que você faz bem feito?
3. O que o mundo precisa?
4. O que você é pago para fazer?
5. Paixão
6. Missão
7. Vocação
8. Profissão
9. IKIGAI — Vida em equilíbrio

Se o maior número de pessoas fossem bem-sucedidas, se amassem e amassem aos outros, já imaginou o passo gigantesco que grupos, nações inteiras poderiam alcançar?

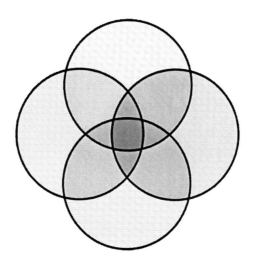

PARTE III

FLUXO

Outro aspecto relacionado à prosperidade é o fluxo. Fluxo é aquilo que escorre, desliza, flui. É um movimento contínuo. Essa é uma palavra muito usada no meio espiritual. "Into in the flown state." Segundo os mestres espirituais, encontrar o estado de fluxo faz com que a vida fique mais leve, mais fácil, mais próspera. A grande questão é: como encontrar esse estado de fluxo?

O rio segue seu fluxo natural e quando surge um desafio ou um obstáculo, que não possa superá-lo, simplesmente cria um desvio, ou melhor, um contorno. Ele corre o tempo todo, sem parar, claro que conforme outro fluxo, o das chuvas, sua vazão pode ser maior ou menor. Essa é uma cena que lembra a vida dos estoicos, viver despreocupado, em harmonia consigo, com os demais, com o seu entorno e com Deus, o Logos, a Razão, cada coisa tem seu tempo e lugar determinado, não fixo em si, mas segue a lei imutável da razão, não se pode negá-la, tampouco desobedecê-la; aprender a se estabelecer contornando é o segredo para uma vida feliz. É preciso saber morrer e estar disposto a viver, conforme disse Sêneca, assegurando que a maioria dos homens flui entre o medo da morte e os infortúnios da vida, decaindo sua existência.

Entre os extremos da ideia estoica, é se preparar para o pior; segundo sua ideia, as maiores frustações na vida ocorrem porque as pessoas não atentam para o pior desfecho, em geral eles não veem, mas se vier há uma preparação. Para eles a vida e as riquezas não são essencialmente boas, a morte e a pobreza não são necessariamente ruins. As coisas não são boas ou más em essência, e o mais importante é o que fazemos delas, não é a vida que é importante em si, mas as oportunidades que aproveitamos enquanto estamos vivos. Com relação ao trato com as emoções, ou paixões, como eles chamam, é importante dar atenção às ruins. Epiteto, por exemplo, vai dizer que a opinião que se tem das coisas é que forma as perturbações. Uma vez que as perturbações surgem, são oriundas de uma opinião errada que se tem de algo ou de alguém, portanto, não se deve culpar ninguém, nem a si mesmo; essas opiniões, por sua vez, são baseadas nos juízos de valor, vindos das crenças. Assim, para viver as boas emoções, o melhor da vida, deve-se analisar as crenças, mas, se por acaso surgirem situações inevitáveis, seja indiferente, lembre-se da água: contorne os obstáculos e siga em frente.

Os ensinos dos estoicos não se assemelham à água só no sentido da flexibilidade; a água como solvente universal, presente em maior quantidade do planeta, está em quase tudo que existe, e está presente em todos e em tudo, ou quase tudo na humanidade – se associa muito à ideia estoica de que somos todos iguais, pois a racionalidade está dentro de nós, temos um mesmo espírito igualitário. Desde ex-escravo a general romano, como Epiteto e Marco Aurélio, filósofos estoicos, todos partilham de um elemento unificador — a racionalidade —, solvente capaz de transformar tudo à sua volta. Ser cosmopolita, ver o mundo como uma grande aldeia global, onde todos devem trabalhar para a cooperação e contribuição de um mundo melhor, justo, sem rivalidade, sem guerra, sem egoísmo.

Todos devem trabalhar tal como um rio, seguindo seu fluxo, contornando obstáculos, vencendo o forte, com a verdadeira força: a persistência, e por onde passar tudo transformar e vivificar. Quando o sujeito trabalha seguindo o fluxo da vida, tendo que muitas vezes se humilhar diante de algumas situações para mais tarde ser exaltado, pelo próprio curso da natureza, coisas boas lhe ocorrem, é como a descrição do Salmo 1:3: "Pois será como a árvore plantada junto a ribeiros de águas, a qual dá o seu fruto no seu tempo; as suas folhas não cairão, e tudo quanto fizer prosperará". No ritmo da natureza, na forma de rio, a vida segue seu estado de fluxo, segue o ritmo do divino, por onde passa traz esperança, abençoa, prospera.

Tão importante quanto entrar em fluxo é manter-se despoluído. Tal como as águas de uma correnteza forte, ou uma onda, o ser humano que não trabalha em si sua despoluição corre o risco de trazer prejuízo e devastação. Exemplos de deixar os canais despoluídos:

1. Trabalhar a aceitação: aceitar a si, respeitar os outros, não ficar na defensiva, muito menos na "agressiva";
2. Começar e concluir etapas;
3. Aprender a lidar com os medos: não precisa enfrentá-los, apenas os contorne;
4. Defenda-se, proteja-se, não se oprima;
5. Não aja com paixão, mas com amor;
6. Espere a poeira baixar, seja inteiro, aproveitando o seu melhor tempo: hoje, agora;
7. Praticar meditação: algo como Mindfulness ou atenção plena é muito poderoso para manter o foco no que é mais importante — limpar os canais e preparar-se para uma nova etapa.

E lembre-se que, se algo não está como você quer, é parte do fluxo, a vazão aumenta e diminui — na correnteza há força e fraqueza —, esteja pronto para quando acontecer, pois vai acontecer, é parte da lei do recurso — quando surge algo, mesmo que não seja o desejado, é para trazer novas ferramentas, novos aprendizados, portanto, permita que eles venham e com gratidão abrace a integridade dos fluxos com sua totalidade, sem o rótulo do mal e bem, mas com as aprendizagens disponíveis.

CAPÍTULO 5

Esperança e felicidade

> *Se quiser chorar, chore; se quiser brigar, brigue; só não esqueça que a vida é cíclica.*
>
> Paulo Farias

É comum no meio religioso alguns adotarem o termo esperança até como uma palavra sagrada, a divina e grande e doce esperança, apresentando a seus adeptos uma espera passiva, desprovida de uma devotada ação de melhoramento ou crescimento espiritual. Poderiam usar e entender melhor o verbo bíblico que diz: "não vos conformeis com esse século, mas antes transformai-vos pela renovação da vossa mente". Esperança passiva é conformismo e, portanto, não traz progresso, melhoramento, crescimento, nem mesmo nascimento. A semente que se conforma ou espera passiva dentro da terra morre, o espermatozoide que espera o óvulo se abrir não é fecundado. O que é então esperança?

A verdadeira esperança não é espera vazia de sentido, é conforme sua própria raiz, do indo-europeu, que diz: expandir possibilidades. Saber exatamente por que está tomando essa e não aquela atitude. É de mesma raiz de SPER prosperar, expandir, estender-se para atingir mais, tal como as raízes de uma árvore, expande-se para baixo, para os lados, tal como sua copa para os lados e para o alto, para todas as direções cresce a árvore. O segredo dos bonsais é podar suas raízes desde muito cedo e, à medida que elas crescem, uma nova poda é feita. Assim como as gigantescas árvores que, por um corte em sua base, não crescem e não se expandem, há muitas pessoas que não conseguem ser ou desenvolver seus talentos porque permitiram ser podadas pelas circunstâncias ou decisões erradas no passado que hoje moldam o seu presente e definem o futuro de diminuição ou estagnação.

Esperança é, portanto, a iluminação da consciência. É saber exatamente que o que está sendo feito é para um bem maior e, muitas vezes, um sacrifício em prol da humanidade.

No relato da tentação, no deserto, depois dos 40 dias sendo tentado, Jesus não pecou, não errou o alvo, não se submeteu ao próprio estômago, nem à dúvida, tampouco ao ego. Jesus foi tentado nos reinos físico, mental e espiritual, mas Ele sabia exatamente do seu propósito, escolheu sua missão e dela se lembrava. Veio ao mundo servir de guia e condutor da humanidade caída. Essa era a esperança pela qual Jesus era dirigido. Hoje, infelizmente, essa, como outras verdades, até entre supostos seguidores, foi esquecida, a verdade por trás de seus ensinamentos é por eles comumente reinterpretada, assim erram e fazem errar.

A queda da humanidade não é um pecado defendido por um grupo que diz o que é ou não é. Errar o alvo é pecado; quando em nome de Deus exponho e faço mal a alguém, peco. Deus é puro amor, essa é sua lei maior.

A esperança é muitas vezes representada como um sol brilhante que surge todas as manhãs para iluminar nosso caminho. É quase impossível falar de esperança e não se lembrar da história da mulher esculpida pelos deuses: Pandora — pan (todos), dora (dons). Ela traz para a humanidade todos os dons, porém, ao abrir a caixa ou o jarro, deixa-os escapar restando somente a esperança. E essa é a única chance dos seres humanos, uma vez conhecedores dos verdadeiros dons, tais como amor, paz, bondade, justiça, compaixão, acessar novamente por meio de uma elevada consciência. Na verdade, Santo Agostinho trabalha na seguinte ideia: "A boa consciência conduz a esperança, enquanto a má consciência conduz ao desespero". De fato, aqueles que não têm esperança vivem um desespero, vivem com uma mente não alimentada por ideias de melhoramento, expansão e crescimento equilibrado.

Há alguns dias, fiquei sabendo que os dias da semana trazem consigo as chamas da esperança, que cada um deles sugere, conforme seus nomes originais, um ressignificar. Vale a pena recapitular.

Espanhol	Inglês	Esperança de...
Domingo (Dominus Day)	Sunday (Dia do Sol)	Vida, calor, luz, generosidade, vitalidade
Lunes (Lua)	Monday (Lua)	Iluminar as noites, reter/guardar a luz
Martes (Marte, Ares)	Tuesday (Týr)	Combater pela luz, ser protagonista, faxina mental
Miércoles (Mercúrio)	Wednesday (Odin)	Sabedoria, palavra válida, comunicar os dois mundos
Jueves (Júpiter)	Thursday (Thor)	Proteção, poder, não se vitimizar, autoconhecimento
Viernes (Vênus)	Friday (Freia)	Poder íntimo, resistência, solidez, produtividade
Sábado (Sabbath/descanso)	Saturday (Saturday)	Descanso, cultivo sábio do tempo

Comprometer-se com a esperança é acreditar em si mesmo para ajudar a humanidade a elevar-se cada vez mais a níveis superiores de valores, virtudes e salários. É não se alimentar por expectativas falsas, não cultuar a debilidade e a vitimização, não encontrar culpados, mas amenizar ou resolver os próprios problemas.

Aqueles que são alimentados de esperança, a verdadeira esperança, são pessoas felizes, bem realizadas e que conseguem controlar seus próprios destinos. É interessante notar que felicidade traz em sua formação semântica o sentido de fecundo, produtivo, de ânimo leve, ou seja, tudo muito relacionado à prosperidade.

Esperança e felicidade andam de mãos dadas, uma convive ao lado da outra, apesar de que haverá momentos de ausência da felicidade, por convivermos com situações que fogem ao nosso controle, como, por exemplo, a morte de um ente querido; mesmo assim é a esperança que nos motiva de novo a volver à leveza de ânimo.

Não dá para falar de felicidade e negligenciar a ideia bíblica de Jesus com relação às bem-aventuranças. Segundo as instruções do mestre dos mestres, felizes são os humildes, aqueles que são humanos, agem com espírito de altruísmo, têm o coração sensível, são mansos, passivos, misericordiosos, têm senso de justiça. E para cada ação uma recompensa, herdar o reino, terrestre e celeste, é satisfeito, é chamado filho de Deus, verá a Deus.

Na realidade o termo felicidade se banalizou a tal modo que, hoje, se perdeu o seu sentido mais profundo. É realmente feliz a pessoa que consegue equilibrar o sentido entre o ser e o estar sendo, ou seja, aquilo que o sujeito é em essência e aquilo que, por um momento ou circunstância, está vivenciando. Somos em essência divina, porém por circunstância da encarnação estamos habitando corpos humanos. Esse é um tema complexo, porém completo em si mesmo. Ele tem relação direta com se ter um sentido de vida.

Sentido — vem do verbo sentir, que por sua vez traz uma ideia de, por meio dos sentidos ou da razão, experimentar uma sensação, percepção. Aqui entra o estado de felicidade, é feliz exatamente quem experimenta ou experimentou uma sensação que se vive por algo maior que a própria existência em si. Sentido de vida é a percepção clara de que ser é mais importante que ter. Viver virou sinônimo de possuir. Comprar é uma necessidade e gira as rodas da economia, importantíssimo para a atualidade, porém consumir exageradamente expõe as verdades por trás daquilo compramos exageradamente – aponta mais para as necessidades emocionais do que para aquilo que precisamos de fato. Conforme, alguém certa vez expôs, a propaganda faz você comprar aquilo que não precisa, com o dinheiro que não tem, para ser alguém que não é, para impressionar uma pessoa que você não conhece, não ama e não se importa com você.

Há, ainda, alguns que vivem somente para si, como se estivessem incrustados, quando não a si, ou a uma ideia limitante, restringem-se à realidade do planeta, como se os únicos fatos que ocorressem fossem o aqui e o agora. Esses poucos, que às vezes se intitulam realistas, são apenas... Não vale a pena falar deles, vamos evidenciar o ser humano que entendeu que não se deve ser separado do todo, somos um, feitos da mesma matéria, com aspirações diferentes, mas vivendo cada dia e doando-se em sagrado ofício (sacrifício) para fazer desta curta estadia aqui uma memorável dádiva, conforme disse o Cristo: "O reino de Deus está entre vós", desfrutemos, pois.

Para aqueles que experimentam posições elevadas, é preciso dar aos que ainda não se encontram no alto a possibilidade de também alcançá-las, caso contrário, tornam-se ainda mais limitados, pois se tornaram limitadores. A partir de processos educativos, se refina os desejos e as tendências e se trabalha para o bem comum, não dando ao outro, sem lhe ensinar, mas possibilitando ao outro ser um pouco melhor a cada dia. E assim, somente assim, pode o ser humano ser chamado filho do Divino. Alcançando luz, propósito, sentido de vida, felicidade. São os diferentes entre os iguais.

Passado todo esse tempo, ainda não nos demos conta do que foi dito pela grande alma (Mahatma) Gandhi. Ser a mudança que o mundo precisa. Quem dirá entender o Grande Uno do universo, que veio reunir em si mesmo todas as nações da terra. A verdadeira felicidade consiste de ser, pelo exemplo, aquilo que se quer reduzir, no outro, reprimindo, quando necessário, em si, suas próprias tendências errôneas.

Ser feliz de verdade acima de tudo é realizar-se, isso é por sua vez pôr em ação o projeto de vida, sem trocar satisfação pessoal, vantagem transitória ou um prato de lentilha por uma elevada recompensa. Há uma bênção de primogenitura esperando por todos e ela está logo ali.

Felicidade é o céu que se antecipou.

ATIVIDADE PRÁTICA

A chave para a porta da prosperidade é a gratidão!

Deem graças em todas as circunstâncias, pois essa é a vontade de Deus para vocês em Cristo Jesus (1 Tess. 5:18).

Deem graças ao Senhor porque ele é bom; o seu amor dura para sempre (Salmos 107:1).

De um lado a outro da Bíblia, somos ordenados a sermos gratos. A gratidão é o fluxo natural de um coração que está sintonizado com Deus (Billy Graham).

"Aprendi o silêncio com os faladores, a tolerância com os intolerantes, a bondade com os maldosos; e, por estranho que pareça, sou grato a esses professores" (Khalil Gilbran).

Depois dessas frases sobre gratidão, nosso exercício é agradecer: à família, aos amigos, as conquistas. E a nós mesmos.

Sugestão:

1. Faça um exercício de relaxamento e respiração e durante essa atividade agradeça pelo seu corpo, cada parte do seu corpo, afinal se tudo em seu corpo está em bom funcionamento, por que não ser grato? Depois se produza, ponha sua melhor roupa e saia para um lugar agradável e que você gosta, registre esse momento, pode ser só em seu cérebro, mas o melhor mesmo é registrar e compartilhar. Poste e me marque nas redes sociais.

2. Escreva uma mensagem de agradecimento para algum familiar, envie e depois se possível o abrace.

3. Presenteie um amigo agradecendo-lhe por algo de bom que ele fez, para você ou para outra pessoa.

4. Agradeça a uma criança pelo sorriso sincero, espontaneidade ou simplesmente por ela existir e fazer parte de sua vida.

5. Reserve um caderno da gratidão — ou quadro da gratidão — e a cada nova conquista registre e sinta que mais bênçãos estão chegando em sua vida.

PROSPERIDADE

Registre algo por que você é grato...

_____
_____
_____
_____

e diga: o que mais de bom vai acontecer hoje para que eu seja ainda mais grato?

_____
_____
_____

...grato por...

_____
_____
_____

...grato por...

_____
_____
_____

...grato por...

_____
_____
_____

...grato por...

_____

93

CAPÍTULO 6

Abundância: ser abençoado

> *Que tudo que é alto*
> *se apoia no que é baixo.*
> *Por isso também os reis e os príncipes*
> *se consideram servos do povo.*
>
> (Lao-Tsé)

Toda existência é abundante, a falta de prosperidade é desequilíbrio, é inexistência ou falsa vivência. O ser humano que ainda não obteve ao menos a ideia de crescimento abundante, mas se contenta com o pouco, com o que dá para ser, é, portanto, um sujeito egoísta e marginal, e marginal, em seu sentido original, o sujeito que não atingiu o centro do eixo existencial. Se tudo à volta, comprovadamente, é próspero e abundante, por que a coroa da criação de Deus deveria ser menos?

A existência não foi acaso, o conhecimento acerca das coisas também não é acidental. Tem-se agora uma verdadeira reminiscência, tal como na ideia grega, em que a alma trazia consigo uma vaga noção de sua realidade anterior, tem-se cada vez mais a humanidade, a ciência de que nunca fomos uma ameba evolutiva, sozinha, vagando pelo espaço cósmico. Resta adentrar essa sede de recursos infinitos para uma maior conexão.

Sabe-se, portanto, que estamos aqui por um propósito grandioso — seguir, ser imitador de Deus. Se Deus, a natureza e tudo que a rodeia, o micro, o macrocosmo é abundância, não poderia o ser humano querer ser menos, precisa, portanto, experimentar essa abundância em toda a sua maneira de ser e existir.

Abundância — tem seu sentido de fluir ondular, ou seja, fluir de dentro para fora, transbordar. As palavras incerteza, incapacidade e frustração são justamente antônimas de abundância. Ela é muito mais que simplesmente possuir bens materiais, e vai também muito além da ideia do material, é uma profusão de energia emanando do todo para as partes, do centro para as margens. Ela é a potência que faz com que os propósitos aconteçam, é o transbordar, o excedente aparecendo. Tudo isso para usar, dividir, poupar, investir e novamente expandir.

A história bíblica de 2 Reis 4: 4-7 apresenta a viúva que tinha apenas um pouco de azeite, mas depois de obedecer às ordens divinas ela tornou-se uma empresária sem precisar de dinheiro para investimento. Tal como algumas inteligentes empresas fazem hoje, ela somente investiu em potencial humano, suas vizinhas foram as primeiras a serem influenciadas pela ideia do novo negócio. Talvez algumas tenham se perguntado felizes: o que essa nossa irmã pretende tomando tantos vasos emprestados? Foram, quem sabe, suas primeiras e felizes clientes. Deve ter oferecido uma amostra e, quando provado o mais puro azeite, parecia algo vindo do céu, negócio fechado com sucesso.

Uma viúva, que para a cultura da época, só pelo fato de ser viúva, já era uma carga na sociedade, ainda mais se tivesse dívida. Mas graças à abundância divina, o transbordar do céu, Deus a transforma em uma mulher abençoada e pronta para abençoar. "Vai, vende o azeite e paga a tua dívida; e tu e teus filhos vivei do resto." Pronto! Aqui está o grande segredo! A fonte nunca seca! No universo há em abundância para todos os buscadores, quem mais pede, com diligência e bom plano de ação, conseguirá ainda mais. Não é preciso que uns fiquem sem para outros terem, todos podem ter em abundância. O universo é ilimitado. "Não havia mais vaso nenhum, então, o azeite parou."

Se há em abundância para todos, por que nem todos têm? É possível que a resposta esteja naquilo que afasta da verdade da natureza das bênçãos, a consciência está presa no MEDO, ESCASSEZ e EGOÍSMO.

Vamos à raiz do medo, há dois tipos: o racional e o irracional. Esse último é aquela sensação que impossibilita analisar uma situação de forma realista, é um medo que o impede de ser alguém melhor.

Segundo Napoleon Hill, os principais medos são:
1. Pobreza
2. Velhice
3. Perda do amor
4. Crítica
5. Morte
6. Doença

Medo é um estado de espírito, este controla sua mente e se não for controlada ela controla o sujeito. Como são poucas as pessoas que reconhecem que a mente é um campo de batalha que deve ser mantido sob constante sigilo, são muitos os que não conseguem manifestar a abundância.

Muitos confundem, dizem que o ódio é a força antagônica do amor, na verdade, o antônimo de amor é o medo, e o ódio é uma subdivisão desse sentimento paralisador e destrutivo. Quantos sonhos, realizações e novas conquistas e descobertas deixaram de acontecer porque alguém simplesmente teve medo. O medo impede o mundo de ser mais e melhor, impede que a riqueza e a abundância de que o mundo precisa venham, precisamos substituir o medo pelo amor.

Riqueza material, mental e/ou espiritual não pode habitar o mesmo receptáculo que a pobreza. Esta resiste ao fluxo da abundância. Não se pode servir a dois senhores — ou servirás à riqueza ou se devotará à pobreza. Sem falsas interpretações, pobreza em sua ideia inicial não se refere àquele que tem pouco, mas àquele que produz pouco, todos os seres humanos que nascem com a capacidade física, mental e espiritual podem produzir de igual modo, se não produzem até atingir a abundância é porque estão resistentes, e por assim estarem se limitam e não se desenvolvem como deveriam, como espera Deus que o façam.

O tema da pobreza é extremamente polêmico. Alguns dias atrás, contou-me um amigo sobre uma reunião em que o palestrante pede para levantar a mão quem quer ser rico e, ao lado dele, um colega não o faz, justificando diz que já foi rico e não foi boa a experiência. Em resposta ao amigo: precisamos mudar o mindset! Desde quando alguém que foi verdadeiramente rico quer retroceder?!! NUNCA!!!

Alguém pode questionar sobre o jovem rico e a servidão a Mamon. No caso de Mamon, Jesus se refere às duas principais situações gritantes: os políticos gananciosos e o clero soberbo de Jerusalém, arrogantes e dominados pelo egoísmo. Esses dois grupos eram responsáveis pelas injustiças, miséria e fome. Os políticos omitiam os benefícios, os outros por conivência, e ambos tinham um ídolo em comum: o amor ao dinheiro. A regra de Deus é justiça, partilha, amor fraterno e tudo isso pode ser proporcionado por meio do dinheiro, mas sem Deus há opressão, injustiça e exploração, que também pode ocorrer sem a presença das riquezas.

O que Jesus revela aqui é que o dinheiro é um poder. Nas mãos corretas, pode gerar empoderamento e riqueza, nas mãos de alguém desprovido de Deus, fraqueza e miséria.

O mesmo ocorre com o jovem rico, ele estava desprovido de fé. Em nenhum momento, Jesus lhe disse para ser pobre, mas a verdadeira sugestão de Jesus foi: quer tornar-se ainda mais rico? Quer ampliar ainda mais a sua visão de negócios? Mas o mindset do jovem não estava ampliado para enxergar além, limitou-se na periferia, não atingiu o centro divino, como pretendia o Mestre Jesus.

Foi durante, principalmente, a Idade Média que, em oposição às mentalidades engodadas de erros e cheias de ego e medo que fantasiavam ideias de ostentação e falsa riqueza, que a apologia à pobreza se intensificou, especialmente no seio das igrejas; não demora muito para surgirem muitas ordens de mendicantes e se espalharem como ideias validadas. O perigo era tanto que até papas que haviam mencionado no início que Jesus teve toda a vida pobre tiveram que declarar ser heresia a pobreza de Jesus, mas o mal já havia sido lançado.

O mal se espalhou no seio da cristandade e também em várias outras entidades, a ponto que ainda hoje pessoas se valem da pobreza para apropriarem-se daquilo que não é seu. Muitos assumem cargos públicos com o discurso de que estão falando em nome dos desvalidos e pobres, em nome das massas dos desprotegidos e desamparados, mas de fato não trabalham pela transformação social, apenas enfatizam ainda mais o problema, deixando-o ainda maior.

Se há pobres, é porque há ainda quem produza pouco. Se está sendo produzido pouco, não é por culpa de Deus ou do universo, que é amplo, abundante, e faz o sol nascer para todos.

Alguém pode justificar que as oportunidades não são para todos. Mas a todos será dada a chance de viver de modo melhor e mais digno e cabe muitas vezes a cada um de nós promover essa oferta de mudança.

Há cada vez mais um impulso a mudanças em todo o globo. Cada vez mais, surgem novas empresas que visam alcançar o maior número de pessoas, e muitas delas ofertam mudanças, especialmente de mentalidade. Inclusive no Brasil, há muitas.

Um importante empresário do ramo de cuidados pessoais e linha de bem-estar é um dos exemplos que podemos citar aqui. Sua empresa já fez muitos milionários, muitos destes saíram da miséria e hoje estão entre os que lideram o grupo. Mesmo fazendo muitos milionários, o maior orgulho do presidente da empresa não são os milhões, mas, sim, que hoje muitas famílias que não tinham o que comer podem com dignidade alimentar seus filhos e proporcionar o futuro melhor. Ajudar pessoas, o maior número de pessoas, esse é o segredo para ser verdadeiramente grande.

Os números dessa empresa, que se orgulha de ajudar as famílias brasileiras a encontrarem dignidade, só crescem. Uma empresa familiar que se iniciou, em São Paulo, nos fundos da casa, é hoje uma bênção não só para melhorar o desenvolvimento do país, mas também já está abençoando outros países. Em plena crise, seus gráficos mostram abundante crescimento, em breve o mundo inteiro poderá ser impactado por uma empresa verde e amarela.

Há muitos locais do globo em que as pessoas não têm condições de sair da linha da pobreza, mas cada vez mais surgem novas formas de mudanças significativas. Acreditamos que a principal e a mais importante mudança que precisa acontecer é a mudança de mentalidade.

Um amigo, que faz parte de uma empresa dessas que trabalham ajudando pessoas, contou emocionado.

"Cara, fico estupefato com o que acontece com as pessoas hoje no Brasil. Você acredita que ao tentar entrar em contato com um parente descobri que ele havia mudado de número e conversei com uma moça que estava usando o número salvo.

Perguntei o nome, falamos sobre a família. Dois filhos, o esposo e ela eram jovens, saudáveis e desempregados, moravam de aluguel e os pais de ambos não tinham condições de ajudá-los. Ofereci uma oportunidade de mudar de vida, algo que não acontece todos os dias — um estranho entra em contato contigo e te oportuniza algo que pode mudar sua realidade.

Falei do investimento, que era baixo e que te dá uma renda considerável. Não! Você tem alguém que possa emprestar? Não! Você pode usar seu telefone para levar mais saúde às pessoas conhecidas no conforto de um clique? Não! Gostaria de compartilhar com seu esposo a oportunidade? Também não e ele vai fazer uns bicos, se aparecer. Sem explicação!"

Ele ainda continuou falando e falando de todos os termos e palavras que eu só costumo ouvir nos livros de alta performance, muitas vezes acessíveis a um alto custo, mas ele havia incorporado ao seu fazer, viver e ser.

Esse moço era de um grupo religioso bem tradicional, e a única ideia dele antes era esperar por uma salvação futura e uma desesperada fome de trazer novos conversos. Sua mudança de mindset deu-se somente um ano antes.

Enquanto ele contava a história tanto da moça como do próprio parente, que também esperava cair dos céus um milagre, ele mencionou que antes era escravo do dinheiro, servia, trabalhava em uma empresa que não o valorizava, pouco ética, ditadora, intransigente... É assim que será: se não estiver satisfeito, pede para sair. E ele pediu, e as novas oportunidades bateram à porta. Ele vivia tão alienado que parte de seu dinheiro era desperdiçado com aquilo que não é pão, ou seja, com aquilo que não alimenta corpo nem alma, e fazia para suprir uma necessidade que gritava, sua alma queria ser livre.

Ele participava de todos os treinamentos, sua vida havia mudado, principalmente sua mentalidade, estava positivo, acreditava em si e nas pessoas, sua nova meta: ajudar o maior número de pessoas, ao invés de esperar uma salvação em outro plano, ele estava salvando pessoas e ainda permanecia em seu grupo religioso. Que também estava mudado com o seu testemunho de mudança.

O Brasil produzirá muito mais que isso, outros países também produzirão, todos podem ser impactados, não há preferidos, essa é outra ideia maldita que surge no seio de alguns grupos, pretensos religiosos, não existe um grupo que será privilegiado enquanto outros não devam ganhar mais e ser melhores. "Eu vim para que tenham vida e a tenham em abundância", disse o Grande Mestre sem fazer exceção de pessoas.

Ainda sobre os outros cinco medos: A VELHICE — é preciso entender que a passagem por aqui é efêmera e à medida que passam os dias aqui nesse invólucro, este, sim, que envelhece, devem ser os mais agradáveis possíveis, e a ocupação deleitosa, pois é ela quem dirá quem realmente seremos, ou quem realmente somos, fagulhas, alma do Todo.

PERDA DO AMOR — ninguém perde algo que nunca foi seu. Se de fato se foi, nunca te pertenceu. Unem-se uns aos outros para formar novas possibilidades, claro que estamos apegados por laços de sentimentos e devoção, mas antes de amar alguém deve amar a si mesmo. Ter confiança em si e saber que não se perde algo.

CRÍTICA — quem tem medo de crítica não cresce, crescer deve ser um processo de melhoramento constante e, muitas vezes, para isso faz-se necessário ouvir algo nem sempre agradável, mas se for para o crescimento a crítica é bem-vinda.

MORTE — o último inimigo a ser eliminado é a morte, disse o Cristo, e ele mesmo já a venceu. Mostrou como é possível, e também já sabemos: ninguém pode matar quem é imortal, ganhamos em Cristo a imortalidade. A morte é uma passagem para uma outra dimensão.

DOENÇA — o corpo se autocura, muitas vezes por estar desconectado da fonte de energia universal não se ouve o próprio corpo, que envia mensagens para a central de dados, o cérebro, e a mente processa errado. A natureza como um todo é inteligente, mas para isso é preciso estar o ser humano em harmonia para decodificar corretamente as mensagens.

De tudo que foi falado sobre os outros medos, apesar de estar em um patamar de idealismo e espiritualidade, é de fato possível conviver, convencer e dominar o medo, o que não pode é deixar-se ser dominado.

A prosperidade é a vibração de abundância, amor, bem comum. Oposto à prosperidade, o caminho do ego vibra escassez, oscilação, bens pessoais.

Egoísmo — o ego é o maior inimigo do eu, enquanto o Eu é o maior amigo do ego. Essa inimizade não só do Eu interior, mas do Eu coletivo é a causa de haver tanta rivalidade e sensação de escassez.

Cada ser criado é próspero, por um motivo primordial, expandir e melhorar o mundo. "Crescei e multiplicai", essa é a ordem de Deus, no princípio, com relação ao ser humano.

Cada ato do grande Criador apresenta um aspecto dEle mesmo. Ser grande, ser majestoso, magnífico. Não é de se admirar que, em muitas civilizações antigas, muitos povos adoraram os elementos criados como sendo O próprio criador. Os maias, os egípcios, gregos, adoram o sol, a lua, as tempestades, raios.

E não pensem os senhores e as senhoras que Deus, o verdadeiro Deus, ficou enciumado. Apesar das controvérsias, preciso afirmar: não! Deus não ficou possesso a ponto de destruir suas criaturas por ciúmes e paixões, esse deus de sentimentos semelhantes às criaturas certamente é um humano deificado, ou outra criação mental de nosso antepassado. Deus não destruiria sua criação apenas por ela reverenciar o visível majestoso. Aqueles povos não estavam adorando o sol, a lua, eles apenas reverenciavam o majestoso espírito criador manifestado em sua criação. Enquanto a criatura reverencia o Espírito criador, que se manifesta na criação, Ele mesmo é reverenciado, pois toda criação sendo una é também parte do todo, mas isso não é justificativa para uma adoração cega e irracional, tampouco ser intolerante com nossos irmãos.

ATIVIDADE PRÁTICA

A atividade de hoje é uma antiga prática havaiana de perdão e limpeza mental. A promessa é purificar sua mente e libertar de mágoas e recordações negativas, permitindo que a paz flua na sua mente e coração.

Ho'oponopono

Permita que uma nova realidade se manifeste em sua vida: mais pura e mais abundante! Boa prática!

Oração do Ho'oponopono (adaptado de Zen App)

Divino Criador, Pai, Mãe, Filho — todos em um.

Se eu, minha família, os meus parentes e antepassados ofendemos sua família, parentes e antepassados em pensamentos, fatos ou ações, desde o início de nossa criação até o presente, nós pedimos o Seu perdão. Deixe que isso se limpe, purifique, libere e corte todas as memórias, bloqueios, energias e vibrações negativas. Transmute essas energias indesejáveis em pura LUZ. E assim é.

Para limpar o meu subconsciente de toda a carga emocional armazenada nele, digo uma e outra vez durante o meu dia as palavras-chave do Ho'oponopono.

EU SINTO MUITO, ME PERDOE, EU TE AMO, SOU GRATO.

Declaro-me em paz com todas as pessoas da Terra e com quem tenho dívidas pendentes. Por esse instante e em seu tempo, por tudo o que não me agrada de minha vida presente.

EU SINTO MUITO, ME PERDOE, EU TE AMO, SOU GRATO.

Eu libero todos aqueles de quem eu acredito estar recebendo danos e maus-tratos, porque simplesmente me devolvem o que eu fiz a eles antes...

EU SINTO MUITO, ME PERDOE, EU TE AMO, SOU GRATO.

Ainda que me seja difícil perdoar alguém, sou eu quem pede perdão a esse alguém agora, por este instante, em todo o tempo, por tudo o que não me agrada em minha vida presente.

EU SINTO MUITO, ME PERDOE, EU TE AMO, SOU GRATO.

Por este espaço sagrado que habito dia a dia e com o qual não me sinto confortável.

EU SINTO MUITO, ME PERDOE, EU TE AMO, SOU GRATO.

Pelas difíceis relações das quais guardo somente lembranças ruins.

EU SINTO MUITO, ME PERDOE, EU TE AMO, SOU GRATO.

Por tudo o que não me agrada na minha vida presente, na minha vida passada, no meu trabalho e o que está ao meu redor, Divindade, limpa em mim o que está contribuindo para minha escassez.

EU SINTO MUITO, ME PERDOE, EU TE AMO, SOU GRATO.

Se meu corpo físico experimenta ansiedade, preocupação, culpa, medo, tristeza, dor, pronuncio e penso: minhas memórias, eu te amo! Estou agradecido pela oportunidade de libertar vocês e a mim.

EU SINTO MUITO, ME PERDOE, EU TE AMO, SOU GRATO.

Neste momento, afirmo que TE AMO. Penso na minha saúde emocional e na de todos os meus seres amados… TE AMO.

Para minhas necessidades e para aprender a esperar sem ansiedade, sem medo, reconheço as minhas memórias aqui neste momento.

SINTO MUITO, TE AMO.

Minha contribuição para a cura da Terra:

Se eu, a minha família, os meus parentes e antepassados te maltratamos com pensamentos, palavras, fatos e ações desde o início de nossa criação até o presente, eu peço o Teu perdão. Deixa que isso se limpe e purifique, libere e corte todas as memórias, bloqueios, energias e vibrações negativas, transmute essas energias indesejáveis em pura LUZ e assim é.

Para concluir, digo que esta oração é minha porta, minha contribuição à tua saúde emocional, que é a mesma minha, então, esteja bem. E à medida que você vai se curando eu te digo que…

Eu sinto muito pelas memórias de dor que compartilho com você.

Te peço perdão por unir meu caminho ao seu para a cura.

Te agradeço por estar aqui para mim…

E TE AMO por ser quem você é.

CAPÍTULO 7

Sucesso

Sucesso vem de dentro e não de fora.

(Ralph Waldo Emerson)

Só são boas, seguras e duráveis aquelas defesas que dependem exclusivamente de nós e do nosso próprio valor.

(Maquiavel)

  Alguém disse que "sucesso é uma sucessiva sucessão de sucessos". Parece apenas uma repetição de palavras com mesmo som e sem muito sentido, mas faz, sim, bastante sentido apesar da sonoridade. A frase representa bem o que é o sucesso — fazer bem feito hoje, amanhã e depois, sucesso não está no topo, mas fazer todos os dias te aproxima do topo.

  No seu sentido primitivo, sucesso guarda uma ideia de abertura, aproximação, ir por baixo, entrar em um porto, submeter, subir, tomar o lugar de. Todas essas ideias relacionadas a sucesso fazem lembrar do próprio elemento água. Sua impressionante marcha é muitas vezes rebaixada, invisível, mas ela sabe a que veio, logo todo o ambiente é tomado pelo líquido que a tudo possui e por que muitos se deixam possuir.

A água é o segundo elemento em maior proporção no universo, sua atuação é sentida e mantida. Tal como acontece com alguém ou entidade que adquire o sucesso, em muitos casos começou timidamente e aos poucos adquiriu pompa e grandeza. Um sucesso verdadeiro é como a água limpa, purifica e protege. Limpa o sofrimento enfrentado nos dias de luta, purifica a alma de seus possuidores, fazendo-os acreditar mais neles e na diligência de suas conquistas, e por último protege a todos os envolvidos de dias e situações adversas. Além do mais, sucesso também está entrelaçado com êxito, vitória, prosperidade.

Muitas vezes até chegar ao sucesso o sujeito que o obteve passou por rigorosas provas para confirmar seu valor, assim se qualificou, chegou a um patamar almejado. Alguns desses se tornam verdadeiros heróis, pois, depois de enfrentar a severidade, conseguiram com bravura alcançar luz suficiente para enxergar além. É semelhante a um marujo que enfrenta, no mar, terríveis tempestades e outras intempéries que o fazem mais forte e mais resistente às forças da natureza selvagem, a ponto de agora poder assegurar melhor o cuidado de si e dos outros.

Aqui mais uma história para ilustrar. Ele assim mesmo escreveu em primeira pessoa.

"Sou cristão, de formação católica, depois evangélico, graças a Deus, a tudo dai graça, diz a Bíblia, e isso foi, e tem sido, uma bênção na minha vida, tudo o que me aconteceu, creio, foi a divina providência me guiando para ser uma pessoa melhor sempre. Família, parentes, infância, amigos, carreira — um aprendizado constante. Fato é que mesmo cristão, lendo a Bíblia, nunca havia entendido bem a ideia contida no caminho estreito e o caminho largo ou o da perdição. Na explicação inicial, me disseram que é a diferença entre a igreja certa e a errada. Ok, então se mudar de igreja, tudo certo? Errado. Depois da mudança, mais tarde, depois que estava incorporado a todo o sistema vigente, me disseram que o caminho estreito era na verdade uma igreja ainda mais certa. Ops! Espera, então eu não escutei bem os conselhos do Cristo durante quase dez anos da minha vida, fui o adolescente tão ignorante assim?! Mudar de novo?! Eu acho que mudei de igreja, mas dessa vez mais mudanças vieram, muita confusão e, depois da confusão, veio o que estava lá e sempre esteve lá. "Eu sou o caminho, a verdade e a vida." Sou a casa, a porta, a chave. <u>Sou o universo</u> inteiro, "Eu e o pai somos um". "O pai em mim, nós (Eu e meu Pai) em vós e juntos somos / seremos um." Uma heresia? Não, uma verdade! Pronto, havia finalmente entendido o uno do verso, estava a um passo de sair das margens, e atingir o centro me tornaria um ser univérsico. Teria eu alcançado meu sucesso cósmico?"

À primeira vista, quando se fala em ser "semelhante a Deus", a primeira ideia que vem à mente é justamente a ideia do pecado do anjo rebelde, que queria ser igual a Deus, conforme defendida pela corrente teológica da maioria dos cristãos.

Estávamos estudando a matéria de filosofia da cosmovisão, naquele momento em uma universidade confessional, com um professor estrangeiro, colegas de outros países. Cada um com sua visão teísta e bem particular do grupo ao qual todos pertenciam. Veio então o insight, o professor gentilmente concordou.

Nós nunca seremos iguais a Deus, porque o próprio Deus também está em constante melhoramento, ideia que eu nunca havia entendido bem antes, mas achei bastante coerente, pois Deus não é um ser estático, imóvel, mas nEle está o mover, o crescer, o expandir. Sempre achei possível de acontecer ser igual a Deus, mesmo que essa ideia se pareça muito com a ideia do "anjo mau", que parece querer isso. Porém, fosse esse o caso, querer ser como Deus, quem disse que esse seria o erro dele (do tal anjo). Seu erro, tal como o nosso, é o ego. O egoísmo humano é o que nos faz filhos das trevas. Querer ser como o outro, para simplesmente superá-lo, ou estar acima, esse também é o erro. Querer ser como outro, com o intuito de melhorar para si, e para tornar o mundo um lugar melhor é nobre. Querer ser como Deus para atuar com Ele deve ser o desejo de todo filho.

Retomando a ideia de que por mais que tentemos ser semelhantes ao altíssimo nunca conseguiremos. Pelo simples fato de uma lei universal, a lei da prosperidade e abundância constante, ou progresso contínuo. Ou seja, se tudo no universo está em constante crescimento, quando formos iguais a Deus, Deus já será ainda mais. Alguém pode então perguntar: isso significa que Deus não está pronto? A resposta é: Deus está exatamente, magnificentemente pronto. Mas Ele quer que sejamos cada dia mais parecidos com Ele e Ele é cada vez mais, e mais, pois Ele não é estático. A lei da constante abundância, do sucesso pleno, do constante progresso, da prosperidade imanente comprova que tudo está em constante expansão. O próprio universo se expande cada vez mais.

O mundo científico, afastado, algumas vezes, da ideia do Divino, mas muito crente em vãs filosofias, diz que essa expansão é a prova de uma grande explosão. Já o mundo pretenso religioso acredita que o que cresce cada vez mais é a maldade e o pecado, indicando com isso o fim, em especial, o fim dos inimigos de Deus. E ambos têm razão, ao menos em parte.

Os primeiros com sua explosão, afinal a abundância cósmica pode gerar verdadeiras explosões. Tal como acontece no micro, a flor de uma árvore se expande tanto a ponto de eclodir e liberar sementes pelo espaço para produzir cada vez mais. O ser humano, olha que lindo, também explode de prazer, para liberar mais vida em outro ser. (Percebe como é fácil expandir amor, paz, pureza, prosperidade! Deus é simples e tudo no universo, na natureza age com simplicidade.)

Enquanto os segundos, eles têm razão com relação aos ciclos, o fim de um, o início de outro. Nisso, sim, mas não com relação aos inimigos de Deus, Deus não tem inimigo, tudo se constitui criação. "Quem não é comigo é contra mim, quem comigo não junta espalha." Apesar de parecer contraditório, uma vez que parece concluir que quem não é um amigo é um inimigo, mas apenas o ego é que se opõe, explicando assim podemos entender o porquê a cristandade cunhou o termo inimigo de Deus, inimigo da cruz. Mesmo que haja alguém, um ser que se diga inimigo de Deus, alguém contrário a Deus, esse não se constitui inimigo de Deus. Deus simplesmente é Deus! Um Deus que tenha inimigo torna-se tão humano quanto os deuses das mitologias que têm os mesmos costumes e paixões humanas.

Deus, o Espírito Criador, portanto, não tem inimigo. Carl Jung explica a controvérsia aparente quando estuda os arquétipos universais e apresenta o "inimigo" como arquétipo de sombra, aquilo em nós que se opõe ao bem, ao amor fraterno e universal, à luz. É, pois, o próprio ego que se constitui inimigo do Eu, do universo, de Deus.

Os pretensos religiosos, usando a expressão "inimigos de Deus", destruíram, mataram e ainda o fazem de maneira cruel e sanguinária. Isso nada tem a ver com o Deus criador de todas as coisas. Mataram e destruíram em nome do ego, do medo, da escassez, da pobreza. E em favor da sombra.

Ser próspero, alcançar o verdadeiro sucesso em todas as áreas da vida é uma tarefa divertida, interativa, mas precisa querer, e além de querer, saber que tem um preço, mas o preço não é alto, tampouco é baixo, o preço é a justa medida de seu sucesso, do seu fazer bem feito sempre.

Há uma narrativa bíblica que diz: "O pai trabalha até agora". Se até o Criador é representado trabalhando, por que nós reles mortais não trabalharíamos? Ao analisarmos as narrativas bíblicas, temos uma percepção muito restrita acerca de Deus. Ele cria todas as coisas em seis dias e no sétimo descansa e vai tirar férias, até poderia, e é, mas as férias de Deus, se pudéssemos usar essa linguagem humana para se referir à Divindade, são férias tal como está em trabalho. Tal como diz a frase: "trabalhe com o que você ama e nunca mais precisará trabalhar"; assim é para aqueles que encontram uma ocupação prazenteira — vive como se estivesse tirando férias.

Deus, portanto, ainda está expandindo seus reinos, domínios, mesmo que possa fazê-lo pelo piloto automático. Tal como disse "haja luz" e a luz continua existindo pelo poder de sua palavra.

Para concluir este capítulo, uma história sobre mentalidade de riqueza. Durante uma aula, onde falavam dos remédios da natureza: sol, água, exercício, dieta equilibrada, outros, uma pergunta surpreende.

Toda explicação e comentários dos alunos eram feitos como se fossem programas de computador, sempre apresentando o mesmo padrão, havia um, porém, inquieto e pensativo, mesmo não tendo manifestado opinião, estava muito atento e parecia inteirado de todo o conteúdo — o professor vira-se para ele e pergunta se havia dele alguma contribuição. Ele levantou a cabeça inquieto, ainda em silêncio respirou profundamente, deixando os demais alunos, no mínimo, curiosos. Quando ele finalmente rompeu o silêncio, o fez com uma pergunta direcionada ao professor. "Falando ainda sobre o poder das plantas, o senhor sabe que existem plantas que ajudam a curar o pior dos males?" Imaginou-se que ele falava do câncer ou alguma outra doença de difícil restauração. Concordou-se, a natureza apresenta uma solução para cada dificuldade.

O menino, no entanto, fez uma lista de plantas ornamentais, algumas conhecidas, outras nem tanto, ficamos curiosos, se havia suporte científico para tais plantas, ele mencionou que alguns eram conhecimentos populares, e outros técnicas antigas de diferentes povos que as cultivavam e eram pessoas sãs. Ficamos tão focados nas plantas em si que acabamos nos esquecendo, por um instante, qual era a enfermidade que as plantas curavam.

Qual é o maior dos males? "Pobreza!" Ele disse em alto e bom tom; pronto, todo o clima da sala quebrou, todos os aplausos a ele dados por sua intelectualidade foram rompidos, ele era, agora, esnobe, debochado, metido a rico e outros adjetivos. Mas ele estava firme, mesmo que todos estivessem contrários à sua ideia, ele tratou logo de explicar, antes que o professor o interrompesse por não ser propriamente aquele o tema da aula.

Nada do que eu diga mudará o que já foi implantado na mente de vocês, nem mesmo que pobreza é um mal que afeta a sociedade como um todo, pois uma vez que alguém se diz pobre, se mantém na falsa ideia de que uns nasceram para a pobreza, ou que os ricos são todos desonestos. E não só falam, mas agem para continuar nessa linha que deveria ser temporal. Outros ainda, para não perder os "privilégios" do governo, continuam omitindo que podem se manter.

"Só para continuar pegando um pouco, daqueles que pegam muito do povo."

O garoto ainda mencionou que a própria família havia por muito tempo necessitado de uma bolsa na escola, mas com o passar do tempo a situação em sua casa havia mudado, em consequência disso a vida de outras pessoas também. Muitos aqui podem pagar, ou seja, têm dinheiro, mas são pobres, pobres de amor e de gratidão. A pobreza impede de você viver de forma sã e mesmo que os remédios da natureza sejam de graça os pobres não desfrutam, pois estão mais preocupados em adquirir bens materiais, concluiu o garoto, deixando uns reflexivos e outros confusos.

Fomos acostumados a reverenciar demasiado a pobreza e a desprezar os ricos, isso está impregnado em muita coisa que a gente vê, faz, constantemente, filmes, livros, as histórias contadas ao longo do tempo nos fazem acreditar que isso é realmente verdade. Errado é o certo e o certo é que é errado.

É errado ser rico, quem é rico é desonesto. Ser pobre é melhor do que ser desonesto e infeliz. Então, mesmo que eu tenha muito dinheiro, a ponto de poder ajudar a muita gente, não o faço. O medo da associação de burguês, aristocrata, metido. Isso é um desatino, o verdadeiro erro consiste exatamente nisso. Medo de ser o que deveriam todos querer ser, ricos, honestos e felizes. Um ajudando o outro a alcançar sonhos e objetivos de vida.

Deus quer que assim sejamos, mas é justamente no seio de alguns grupos que se dizem estudiosos de Deus que nos deparamos com essa maldição incutida desde os primórdios de nossa sociedade e por mentalidades desvinculadas da luz, da bondade, do amor de Deus.

É preciso resgatar na mentalidade de crianças e jovens que ser rico, em todos os sentidos, é o modo de potencializar nossa ação no mundo. Alguns creem que o dinheiro corrompe, torna as pessoas más, mas isso não é verdade, o dinheiro apenas potencializa o que você já é em essência. A riqueza não torna ninguém bom ou mau, os recursos apenas ampliam as possibilidades de atuação desse sujeito no mundo.

ATIVIDADE PRÁTICA

Nesta atividade vamos explorar melhor o tema do sucesso. Lembrando que sucesso é muito relativo, sua definição de sucesso na vida define o que é ter sucesso na própria vida. Não existe certo e errado, na escolha, você só não pode deixar de ter um alinhamento com aquilo que você é...

Defina sucesso na sua vida pessoal — seus amores, amigos...

_____

_____

_____

_____

_____

Defina sucesso na sua vida profissional — vocação trabalho...

_____

_____

_____

_____

Defina sucesso na sua vida financeira — quanto você quer ganhar, como é o seu ambiente de trabalho...

_____

_____

_____

_____

_____

"Não existe conhecimento que não seja poder." (Emerson Ralph)

PARTE IV

ENERGIA

Energia tem em sua origem o sentido de trabalho, atividade, ação, operação. Energia é difícil de classificar, em geral, ela está associada a ação ou movimento. Na realidade tudo no universo está executando algum tipo de energia e, conforme veremos, quanto maior for a relação entre seres ou entidades, maior será a energia ou a quantidade de massa adquirida como resultado.

Tudo é energia, a própria matéria é energia compactada. Em 2013, graças aos esforços dos cientistas e ao poder da energia no maior acelerador de partículas do mundo, a humanidade passou a conhecer o Bóson de Higgs, que foi batizada, mesmo sem querer, como partícula de Deus, que é a partícula/energia que está interagindo com cada elemento do universo manifestado. Os cientistas também descobriram que quanto maior a interação com e no campo de Higgs, maior é a massa; se não há interação, como no caso dos fótons, não há massa. Os elétrons interagem pouco, por isso a massa é pequena, a maior concentração de massa acontece com os quarks. Entre outros aprendizados, podemos, de forma prática, perceber que, para obter maior resultado, insumo, massa, maior terá que ser a interação, a comunicação com o campo eletromagnético do universo daquilo que você quer manifestar. Sendo específico, se alguém quer manifestar cura, deverá interagir mais com o campo da saúde; se é riqueza, com o universo das finanças; se for a instrução formal, a relação deverá ocorrer por meio dos institutos e escolas de ensino.

A energia é uma realidade presente em todo o universo. Desde as micropartículas que formam a matéria até as explosões nucleares que deram origem ao próprio universo. "E haja luz!"

Se pensarmos na energia elétrica que chega até as casas de milhões de pessoas, sabemos que todo esse clarão de luz se gerou muito longe daqui. Tudo se gerou no campo de energia geradora — a usina hidrelétrica, por exemplo, leva a energia para subestações e antes mesmo de entrar em casa pelo apertar do interruptor ela estava "presa" nos postes e fios de alta e baixa tensão. Toda a potencialidade do vir a existir está em algum lugar do universo esperando um chamado, esperando que o botão seja ativado. Quando o ser humano aprender de vez que não existem limites no universo, quanto mais se produz, mais capacidade de produção é ativada. Energia ilimitada para produção ilimitada — sem nunca secar. Quando os seres humanos entenderem que as riquezas não são destinadas para uns e outros não, não é verdade que uns nascem para ser ricos, enquanto outros para viver miseravelmente, essa é uma ideia errônea e doentia. Todos têm os mesmos direitos, todos comungam uma mesma origem: a fonte infinita, esta nunca seca.

A fonte inesgotável de poder infinito está lá, o tempo todo está disponível para dar a cada um segundo suas recompensas; à medida que é comunicado, é disponibilizado, gestão de recurso, tempo e riqueza. Por que então há quem não tenha? Não tem porque não busca ou porque buscam de modo errado. As próprias concepções erradas de que não é possível ter impedem de conseguir o que se deseja e, por não ter o que deseja, acredita que o problema está na fonte, e não no canal, como não pode consertar a fonte, continua no mesmo círculo vicioso, não tendo, reclamando e recebendo mais daquilo, ou seja, não recebendo. Ao observar que outros têm, mas ele não, surge no coração a inveja, da inveja vêm os pactos com as sombras e aí se perpetuam as mais diversas crises que o ser humano pode inventar. Com um único reparo, é possível restaurar o canal, nesse eu posso mexer, consertar, mudar, o canal está aqui, a fonte está lá, o canal é passível de alteração, a fonte é inalterável, dela procede o tudo de todos. Quem busca consertar a fonte é insano, quem busca consertar o canal é sábio.

Muito se poderia falar sobre energia, a energia potencial, armazenada, termiônica, eletromagnética. Mas o que precisamos saber é que tudo no universo é energia e se comporta com um determinado nível de frequência, e que, para atrair algo, basta vibrar nessa ondulação de energia. Conforme disse Charles Haanel, "As vibrações das forças mentais são as mais sutis e, consequentemente, as mais poderosas que existem". Assim como no exemplo do acender da lâmpada, na sala, à noite, para o clarão se produzir, outros processos invisíveis e muitas vezes imperceptíveis tiveram que acontecer. Como os fios que conduzem essa corrente elétrica, os seres humanos são transmissores de luz, não são em si mesmos a luz, ela está na fonte, mas ligados à matriz de energia divina são propulsores de luz.

Vibração também é energia. Não é à toa que a Bíblia diz que Deus criou por meio da vibração, energia criadora de sua palavra. Ele falou e tudo se fez. O universo inteiro é, pois, parte desse Todo Criador. Deus é o Todo / Energia, que está em tudo / vibração. ONIPRESENÇA.

Hoje parece que tudo gira em torno da física quântica; na verdade não é só uma questão de moda os estudos da física quântica; mesmo não sendo recente, traz um conhecimento que é novo, novo não pelas novidades, mas por aquilo que foi esquecido e precisa ser relembrado. Com relação à energia, a física quântica vai confirmar que tudo é energia, inclusive nossos corpos são tomados por energia, o que lembra um conhecimento muito antigo e inclusive mencionado em línguas antigas como, por exemplo, o Quéchua, língua falada pelos incas, que em seu escopo linguístico tem uma palavra específica para, segundo o livro dos Vedas, os centros de energia espalhados pelo corpo — um conhecimento que para os orientais não é novo, afinal há muito tempo eles não só falam, mas aprenderam a trabalhar com esses pontos de energia espalhados pelo corpo.

Os chacras, ou centros de energia. A palavra tem origem sânscrita e significa "roda", estas não param de girar — funcionam como antenas captando e emitindo sinais de energia em frequência para as partes alinhadas, elas se estendendo da base da coluna até o topo da cabeça, em quantidade de sete, e têm o poder de manter em harmonia o corpo físico, emocional, intelectual e corpo espiritual. E, falando em espiritual, no livro *Inteligência Espiritual*, de Donal Zohar e Ian Marshall, eles apresentam de forma cuidadosa uma visão menos religiosa e próxima do cientificismo com relação à espiritualidade e aos chacras. Para os autores, a cura dos males está na supressão do ego, este pensa que tudo pode, mas sem o eu nada pode, nem conserto, nem mudança. No auxílio para retomar a energia de cura e mudanças no ser humano, segundo apresenta em seu livro, incorporar os chacras no "processo de desenvolvimento do ser e vir a ser". Eles constituem um elemento-chave na transformação pessoal e elevação da experiência espiritual.

Como temos visto, nossa realidade não está limitada somente ao físico palpável, mas envolve também o sutil imperceptível, este influencia aquele, no ser humano em especial como toma decisões — decisões são camadas de energia que estão atreladas ao mundo psíquico e metafísico e influenciam diretamente no comportamento da nossa realidade. Quando mudamos nossa forma de observar as coisas, mudamos a realidade. Um exemplo para nos ajudar: no experimento de dupla fenda, que para resumir os cientistas estavam tentando comprovar a função das ondas e de partículas de fótons de luz e elétrons. Bingo! Conseguiram por meio de uma placa opaca com dois espaços onde a luz é projetada, a exibição é a luz se comportando como ondas. Mais tarde eles usaram os elétrons e se surpreenderam que eles passavam ora por uma das fendas e ora por ambas, quando em uma fenda, formavam partículas, quando em duas, ondas. O que isso tudo tem relação como nosso tema? Ainda não sabemos o todo, até porque não temos todas as perguntas, mas aqui mostra que tanto a luz quanto os fótons decidem como se comportar. Se há uma interferência, no caso do observador, eles escolhem se comportar de diferente forma, é como se houvesse no minúsculo fóton uma informação também contida no macrocosmo, a energia que circunda todo o universo.

Desde um pensamento até uma grande explosão, temos energia contida — isso faz lembrar o poder da energia psíquica com relação ao cultivo de nossas palavras e sentimentos. O experimento de Mosaru Emoto, cientista japonês que ficou conhecido como "a mensagem da água" e mostra como tudo é energia e como o mundo invisível comanda o mundo visível, estamos mais conectados do que imaginamos.

No seu experimento, Emoto demonstrou como pensamentos, sentimentos e palavras podem alterar a realidade. O experimento consiste em expor a água a esses influentes, congelá-la, depois registrar os cristais que se formaram. O resultado surpreendente mostra que as moléculas que foram expostas a ameaças e medo sofreram uma considerável deformação, enquanto as que tiveram contato com palavras de amor, carinho e admiração se tornaram cristais semelhantes a flores e belas mandalas.

Nossas palavras mudam nossa realidade. Conforme diz a bíblia no livro de Romanos. Se com a boa confessares o Senhor Jesus e em teu coração creres em Jesus serás salvo. Nada é mais indicador do interior do que aquilo que é exposto. A bíblia também afirma algo sobre isso, Lucas 6:45 a boca fala do que o que está cheio o coração.

E quem se encher dessas palavras de energia intencional nada será capaz de detê-lo. Não é de se admirar que a igreja primitiva recebeu o poder de ser batizada com fogo, e a evidência mais poderosa foi o falar em línguas estrangeiras, ou seja, cada qual falava e exaltava o nome de Deus de tal forma que alguns tiveram dúvida de sua sanidade, ou sobriedade. A palavra de Deus é a energia criadora vibrando pelo universo sem fim.

A vibração mais poderosa é o amor, é também, não por acaso, que a Bíblia diz que Deus é amor. Assim como essa vibração pode empoderar, sua oposição pode destruir, a baixa frequência de rancor, mágoa, falta de perdão gera destruição e ruína. Acredito que ainda há muito a ser revelado e à medida que a humanidade estiver preparada receberá os novos insights dos mistérios desse vasto universo. Conforme diz Romanos 8:19: "A natureza criada aguarda, com grande expectativa, que os filhos de Deus sejam revelados".

CAPÍTULO 8

Escrito nas estrelas

Tudo o que somos é resultado do que pensamos.

(Buda)

As sementes, as mais obstinadas, os gametas, geram os mais aptos, as estrelas, as que têm maior brilho. Desde o micro ao macro, das pequenas sementeiras aqui, até as mais poderosas estrelas além, guardam algo poderoso. Esse poder também está no ser humano. Seria só mais uma coincidência? Não estaria o Eterno nos dando um vislumbre daquilo que já deveríamos saber desde sempre, mas por algum motivo desconhecido, nem todos têm acesso. E que segredo é esse? Que conhecimento é esse? Tudo na natureza é próspero, incluindo nosso sistema de reprodução, mas existe uma trava que impede a abundância.

E mais uma vez, aqui, neste tempo, que não por acaso se chama presente, podemos visualizar esse fantástico segredo, que já há muito deixou de ser segredo, mas não são todos que acessam, tomam posse dele. Mesmo que seja preciso vir novamente à vida, revelá-lo e morrer, ainda assim, muitos não entenderiam. Outros, os loucos, tentariam esconder, e somente uns poucos fariam de tudo para que todos tivessem acesso a ele.

Qual é o segredo?! proSPEridade.

As eSTrelas estão em um alto nível de onde emana energia, poder e vibração de luz. Elas são o luminoso fogo vertical que liga céus e terra.

A eSPErança é a invisível força, que, também vertical, permite uma ação consciente em busca de algo maior, não efêmero, que, mesmo que não seja eterno, tende a tornar-se.

O eSPErma no homem tende a ser um pouco do divino, uma vez que é a sua capacidade de reprodução e perpetuação de espécies, é vida contendo vida e se manifestando em matéria, em mente, em espírito. Matéria e espírito. Uma discussão que ainda não se pode concluir plenamente: quando o espírito entra no novo ser criado? No Éden o sopro de Deus representa o momento, a energia com que o ser torna-se alma vivente, o próprio fôlego de vida, dado ao ser criado, da mais frágil matéria, o pó da terra recebe o espírito, o elemento de comunicação espiritual a partir da chispa divina, Deus no homem e agora, com o germe da divindade, pode o ser humano repassar aos novos descendentes também esse agente que é o Uno, mas se dividiu e está em todos, mas somente ao homem deu o privilégio de ser segundo a Sua imagem, Conforme a Sua semelhança.

É incrível que tal como acontece na reprodução humana, desde o encontro entre os dois parceiros, a química envolvida, a força da energia amor, a transmutação da energia sexual — o encontro dos gametas, sua união, divisão e transformação é como se um novo universo estivesse sendo formado ali, e é bem verdade que em cada novo ser que vem ao planeta um novo mundo de possibilidades está latente. Mesmo que não despertem, existem em cada ser humano criado as potências forças imanentes do Criador.

Conforme dissemos é muito semelhante à relação do macro e do micro. No princípio da criação do universo, as águas primordiais. No útero do universo, lá estava a terra sendo encubada pelo espírito de Deus: "E o espírito do Senhor movia-se sobre a face das águas". Da mesma forma, o bebê passa nove meses dentro do ventre da mãe até que possa emergir na existência. Tal como acontece com os animais que, tomando para si a aprendizagem do todo, passam por semelhantes processos.

Já no caso das plantas, arraigadas ao solo, comunicam dois mundos. O escuro solo onde precisam morrer, como semente, para pode viver, como árvore, para o mundo da luz. O denso e escuro solo abaixo servirá de base para suas raízes, que darão sustento para seu caule e copa, que fica na sutilidade do mundo visível.

Seguramente esse envolvimento é muito mais complexo do que o que nos é apresentado, mas isso já serve para acessar nossa base de dados cósmica e ter uma noção superficial das partes e do todo. Conseguimos, por exemplo, refletir que, tal como as plantas que comunicam esses dois mundos, o ser humano, aqui, plantado, também é pontífice, ou seja é ponte, entre o mundo material e o mundo espiritual, quer tenha ou não consciência disso. As árvores não têm consciência de sua ligação e não precisam ter, já têm em seu código vegetal a informação que precisam para serem produtivas, frondosas, expansivas, prósperas. E é possível que algumas árvores não cumpram esse papel? A figueira estéril, descrita em Lucas 13:6-9, é um exemplo das exceções que podem surgir na natureza. A ordem do dono da vinha foi severa, arranque-a. Ocupa inutilmente o local onde está plantada.

A figueira foi plantada na vinha, ela precisa e tinha um solo ideal, uma temperatura ideal, ela não foi plantada para dar sombra, ou para ser usada como madeira. Ela deveria dar fruto. O dono da vinha havia posto expectativa na planta, ele sabia que ela poderia dar fruto, ser aquilo que nasceu para ser, porém, havia negado aquilo que a própria natureza implantou em seu código vegetal. Solo ideal, temperatura perfeita, frutos? Não! Como não, precisamos de espaço para uma planta que cumpra seu papel e faça aquilo que tem que fazer, frutificar, expandir, abençoar. O corte era inevitável, exceto por alguém que se envolveu pessoalmente com a figueira, o lavrador, e pediu ao dono da terra mais uma chance, uma oportunidade, quem sabe a única que ela teria. Ele se comprometeu em ajudar.

Quem você precisa ajudar? Com quem você precisa relacionar-se pessoalmente? Ou será que você está precisando receber uma nova chance de finalmente frutificar?

No caso das estrelas, esses corpos luminosos que brilham à noite, na verdade não param de brilhar, mas só enxergamos na ausência de uma estrela muito próxima da terra — o sol. Conforme os astrônomos, são 88 constelações catalogadas, e algumas delas seguiram seus nomes dados por antigos povos, que desde muito tempo já as observavam. Segundo Flávio Josef, foram Adão e seus filhos os primeiros a observar o céu noturno e a imaginar, contar, ensinar e aprender histórias. As gerações seguintes não perderam o costume, babilônios, egípcios, gregos até construíram grandes observatórios, fabulosas construções para manter a tradição de ligar-se com o divino por meio das estrelas.

E até hoje muitas especulações são feitas como reação ao que causam as longínquas estrelas. Seriam antigos guerreiros mortos em batalha? Seria, então, o céu um vislumbre do Valhalla conforme a mitologia nórdica? Os gregos, por sua vez, ao explicar seus mitos, diziam algo parecido com os filhos de Odin. A constelação de Escorpião, segundo os mais antigos, foi um guerreiro morto em batalha com Órion. Este também irá para o céu, depois de ser acertado pela flecha de Ártemis, e com ele seus dois cães, um maior e o outro menor. Os índios também nomeiam as constelações. Deram-lhes os nomes dos seus deuses e relacionando com as estações, utilizando esse conhecimento ancestral para plantar/colher, pescar e fazer seus rituais festivos.

Dos antigos ainda herdamos a ideia de chamar de astro ou estrelas aqueles que de alguma forma são fabulosos em alguma área, em especial cantores, atores, e outros artistas. Seguramente os critérios para merecer tal privilégio, tais como os antigos, ter seus nomes "escritos nas estrelas", devem ou deveriam ser por aprovação em seus méritos e feitos para o benefício da humanidade. E esse deve ser o papel de cada ser humano aqui neste plano, tornar-se imortal pelos feitos nobres em nome de todos os que aqui vivem. O maior astro que a terra já viu, a maior estrela que aqui já pisou, conhecido, amado, reverenciado, por alguns adorado, deu-se em exemplo à humanidade para ser modelo e guia. Não que precise o ser humano morrer tal como Jesus, mas precisa cada ser viver como se sem o outro estivéssemos incompletos.

Fato é que, desde os mais antigos povos até os enamorados de hoje, o céu noturno sempre atraiu e chamou atenção. E ainda mais importante: sem as estrelas, não seríamos os mesmos, ou nem mesmo seríamos. Estaríamos condenados na imensidão das trevas, sem condição de vida no planeta. Elas aquecem, iluminam, garantem que cada ser seja/esteja vivo. Gratidão ao Eterno, por colocar no céu esses gigantescos "pedacinhos" de energia cósmica espalhados pelos céus, sejam elas visíveis ou invisíveis, estejam elas lá ou apenas sua luz distante viajando pelo espaço infinito.

Já foi esquecido, mas está escrito nas estrelas, sempre esteve lá, o tempo todo, veio o ser humano aqui por um propósito e missão. E a missão aqui é a melhora pessoal e coletiva. O ser humano tem algumas pendências cósmicas para acertar aqui, bem como uma contribuição na cura dos outros.

O propósito pelo qual o ser humano está aqui é a energia de motivação de sucesso e de felicidade, é dentro dessa missão/propósito de expandir o universo. O ser humano esqueceu, se amedrontou, se apequenou, tornou-se ego, perdeu sua razão de ser, sua visão está embaçada, projetou nele mesmo um sentido de vida, acreditando que é ele mesmo e para ele mesmo que se vive.

Veio o ser humano aqui com o propósito de tornar-se... muitos ainda não estão preparados para ouvir toda a verdade. Ainda outros tentariam contra a vida se a soubessem e ainda outros tentariam controlar pelo domínio da verdade. Assim, o que se pode revelar agora é: é preciso expandir e melhorar cada área da existência, é necessário melhorar cada ação ou pensamento com relação ao próximo e com relação ao planeta. Eles precisam de nós e nós precisamos deles. Cada falha cometida, cada erro, premeditado ou não, é um dano enorme para a consciência universal. A matriz cósmica não errou quando escolheu colocar em cada organismo uma consciência de prosperidade, só é preciso deseducar e reaprender como usar para o benefício de todos. Há algo no ser humano que precisar ser trabalhado, seja no caráter, seja na mentalidade.

ATIVIDADE PRÁTICA

Para esta atividade, vamos contribuir para reprogramação de crenças limitantes. Todos as temos, à medida que as reconhecemos, elas podem ser superadas uma a uma.

Uma crença é uma aquisição que o sujeito recebe que, ao longo do tempo, comporta-se como verdade absoluta, não tem relação direta com fé religiosa, ela fica tão impregnada no cérebro que não a notamos e elas acabam se tornando quem somos. O grande problema é que há crenças, e não são poucas, que nos limitam, impedem de ser aquilo que nascemos para ser.

Elas surgem à medida que nos relacionamos — familiares, amigos, professores. Quanto mais fortes são os impactos emocionais e as repetições, mais impregnadas ficam as crenças em nós.

A forma mais saudável de se trabalhar com as crenças limitantes é substituir por uma nova, de preferência que lhe seja oposta.

Alguns exemplos são:
- Nunca vou aprender isso.
- Não nasci para ser rico.
- Não sou bom suficiente.
- Sou pobre, mas sou honesto.
- Na minha família, ninguém consegue.

Sugestão: mais uma vez, sugerimos que procure sites ou pessoal especializado.

Aqui fica uma dica valiosa para ajudar a ressignificar suas crenças limitantes:

1. Qual é a crença?
2. O que acontece se você tiver o oposto disso?
3. Quando essa crença se instalou?

4. O que posso aprender com ela?
5. O que ganho com ela? (Em geral, apesar de limitar, elas trazem, além de aprendizado, um ganho, mesmo que seja mínimo. Elas, em geral, trazem uma economia de energia mental ou física, e o corpo acostuma-se à lei do mínimo esforço.)
6. Agradeça o aprendizado — até logo para a crença — e comece a criar no cérebro um novo programa de substituição.

Exemplo:
1. Crença: "Não nasci para ser rico".
2. Se fosse rico, poderia contribuir para um mundo melhor.
3. Se ouvi de meus pais.
4. Respeito à família, à autoridade.
5. Ganho massagem no ego: você é "humilde", você sempre foi muito "bonzinho".

6. Gratidão à família que me ensinou a crescer em tudo, inclusive na possibilidade de ser financeiramente rico(a) e bem-sucedido(a), para poder ajudar as próximas gerações, em especial, em não se limitar com a pobreza, não a confundir com bondade, humildade ou qualquer outro adjetivo que não seja a escassez. Quero, em todas as áreas da minha vida, abundância e riqueza, que assim seja!

Use a Programação Neurolinguística para cocriar sua nova realidade. Sempre que surgir uma frequência negativa, uma vibração fraca — cancela, cancela, cancela. E use sua nova crença: "Quero, em todas as áreas da minha vida, abundância e riqueza, que assim seja!".

CAPÍTULO 9

Profundo

> *O que está em cima é como o que está embaixo. O que está dentro é como o que está fora.*
> *(Tábua de Esmeralda, aproximadamente 3000 a.C.)*

A próxima palavra relacionada à prosperidade é profundo. Esse léxico é sinônimo de intenso, fundo ou denso. São vocábulos carregados de atributos de realidade palpável, mas para tocá-la precisa o sujeito dotar-se de capacidades intelectuais além do comum. Somente os verdadeiros sábios conseguem entender mais profundo. Um sábio espiritual, por exemplo, entende tão completamente que, para ele, as barreiras entre o mundo físico e espiritual já não existem. Um expert do mundo dos negócios serve de modelo para aqueles que desejam trilhar sucesso parecido. Um excelente escritor torna-se imortal. E tudo isso pela profundidade que adentra determinada área do conhecimento humano.

A prosperidade é profunda, uma vez que não limita o ser a ficar apenas nas margens, molhando apenas os pés, ela permite que o sujeito molhe o tornozelo, a coxa, a cintura, os ombros e mergulhe de corpo e alma no mar de possibilidades e oportunidades. De corpo para poder sentir aqui, quando ainda em corpo, as transformações positivas neste mundo, e de alma para não se deixar afogar-se na dualidade da matéria e experimentar que cada ato feito aqui, em prol do outro, é um feito também contado para o crescimento do todo e além, pois somos seres em conexão uns com os outros.

É importante enfatizar que a profundidade em algo, ou seja, alcançar expertise, não é uma tarefa de um dia, ela é progressiva, é pé, é tornozelo, é coxa, é corpo, é alma. E requer dedicação. A dedicação a algo demanda tempo e esforço, mas é prazerosa, benéfica e traz uma sensação de bem-estar; à medida que você se inclina para determinada atividade, ela se torna mais fácil e tudo no entorno também se volta para ela. Todos os pilares da sua saúde atraem para aquela situação a que o sujeito deu atenção. Tal como: por ser prazerosa e produzir bem-estar, já contempla o pilar das emoções; por conhecer novas pessoas na mesma área de atuação, forma-se uma nova rede de relacionamentos, pilar social; seguramente é uma atividade que traz um retorno econômico, pilar financeiro; isso já se tornou uma profissão e temos o fechamento de um ciclo no pilar da saúde.

Você pode perceber que não é a dedicação à prosperidade física, ela será uma consequência, não é o amor ao dinheiro, só pelo dinheiro, ele virá como merecimento de algo que está sendo feito. Aqui está a chave, não é tentar se aprofundar nas riquezas físicas; se o fizer, o sujeito será tragado pela energia de Mamon, da ganância, da cobiça. Aqueles que não entendem bem são enganados pela cólera infernal desse abutre, que em geral suborna os seres humanos para obter sua alma. Parece assustador, não é mesmo? Só parece, pois a atuação dessa energia densa está ao redor de todos procurando quem possa tragar, muitas pessoas que apagaram seus sonhos e vivem em empregos de que não gostam são vítimas desse sujeito, se submeteram a viver em prol do dinheiro, suas almas são diaceradas todos os dias um pouco, suas almas vivem cansadas, não veem a hora do fim do expediente, do fim de semana, das férias, não estamos falando de cansaço físico, não estamos falando de fadiga mental por trabalhos mais intelectuais, estamos falando de desgosto, dor na alma, falsa ilusão. Muitos são os trabalhadores que, desconhecendo a força e a energia de Mamon, apregoam que são entidades do além, que vão estraçalhar as almas no fim dos tempos, depois da morte, olhem em volta e saibam que muitas vítimas estão ao nosso lado o tempo todo. E não só os abastados de recursos, são todos potenciais vítimas desse pecado capital. As instituições religiosas mais uma vez falham na comunicação do mundo espiritual, explicam as sagradas letras de modo muito diferente daquilo que é. Mudaram o que pretendia o mestre Jesus em Matheus 6:34: "Ninguém pode servir a dois senhores, porque ou há de odiar um e amar o outro ou se dedicará a um e desprezará o outro. Não podeis servir a Deus e às riquezas".

Os homens criaram um inferno e encheram de males, conforme sua própria imagem, segundo sua semelhança; precisamos retornar à semelhança de nosso criador para que o céu se encha novamente de beleza, bens e amor.

Detalhe, gente profunda, essas pessoas não sabem que são doentes, não sabem que vivem em religiões doentes, e ainda mais gritante, essas religiões não são doentes em si mesmas, se fossem Deus não poderia usá-las para trazer luz à humanidade. Essas religiões são, em essência, boas e sãs, mas dirigidas por insanos e ignorantes elas servem a outro fim, e a outro deus, como se pudesse haver. Se essas pessoas saíssem do ritmo hipnótico em que elas mesmas entraram, talvez ganhassem conhecimento suficiente para se voltar contra o sistema robotizado, mas assim como no filme *Matrix* o caminho estreito é doloso e difícil, entenda: é doloroso, porque crescer dói, lembra quando o personagem Nil é desplugado? Foi muito desconfortável e seria muito difícil desaprender e aprender o certo, no filme o aprendizado ocorria com programa inseridos no mundo virtual, bem criativo... A dor e a dificuldade são só parte do processo, as máquinas vão querer te matar, os zumbis não vão entender nada, ou pior ainda: também vão te perseguir como desertor, sabe quando Jesus disse que até os de casa seriam teus inimigos? Fazer o certo pelo certo, não porque é esperada uma recompensa. É bom fazer o bem, "esse prazer dispensa a maior recompensa". Quem faz o bem esperando algo em troca é um egoísta disfarçado.

Um amigo contou que mesmo conhecedor de muitos desses conhecimentos pôde experimentar na pele como funciona a tentação de viver só pela ganância. Ele é professor, educador, trabalhava em uma instituição escolar confessional há mais de dez anos, muitos deles dedicados à tentativa de ensinar o certo pelo certo, não porque "papai do céu vai castigar". Sabe quando se usa o nome de Deus, mas na verdade não é de Deus, e sim aquela forma que inconscientemente faz as crianças se afastarem e terem medo, ao invés de temer, ou não gostarem de Deus e rejeitarem a religião? Isso acontece especificamente na tentativa de mascarar a religião, como se ela fosse a mola motriz da vida, deixando Deus, o verdadeiro impulso-causa, como uma marionete que se pode usar.

Deus usa as religiões para o bem comum, para um conhecimento mais profundo, mas muitas religiões usam o nome de Deus em vão como se Ele não passasse de uma propaganda bem-sucedida que dá muitos views e não para de crescer em seguidores — essas religiões servem a Mamon. Elas têm grandes aglomerados, são famosas, fazem caridade, se apregoam amigas de todos, mas escondem um desprezo por aqueles que não obedecem a deus, o deus que elas cultuam, que não é o Deus de Todos. Em geral as seitas são assim. Para entender bem essa questão, precisa-se definir o que é seita. Do latim "secta" cujo significado é seguidor, algo não negativo, que designa aquele que participa de um grupo religioso, filosófico ou político, podendo ser uma divisão, ou um partido, ou seja, pode ser usado para indicar qualquer grupo organizado de pessoas que defendem ideias e causas em comum. Porém, se observarmos sua origem grega, "háiresis", que tem por sentido tomar partido, escolha, escola, e dessas palavras a ideia contida é escolha de um ponto específico, escola — não como "Scholé" (tempo livre, recreação, como deveriam ser nossa escolas — ócio criativo), em "háiresis" escola tem sentido de separação de uma ideia e vida em comunidade escolar com base nessa ideia, ela é de mesma origem de heresia — os que apostatavam da fé genuína e viviam exclusos, quando não eram ameaçados por grupos maioritários que os perseguiam e os matavam. Aqui nosso conceito de seita é de heresia, não defender que eles devam ser perseguidos, na verdade são tão numerosos que passam a perseguir. O conceito de seita é negativo, tal como faz um herege, que não só nega a fé genuína, mas distorce o sentido da realidade, troca o essencial pelo secundário, pega um único ponto, ou pontos específicos, transforma em doutrinas salvíficas para os seus e condenatórias para aqueles que não seguem. Eles se sentem os únicos escolhidos, só eles têm a mensagem de salvação, só dentro de suas portas as pessoas estão livres e salvas. Lembram o quanto é ruim essa ideia, lembram que essa ideia maléfica matou muita gente? Infelizmente, mesmo depois de tantas "eras", ainda não a superamos. Por isso, em geral as seitas usam o nome de Deus, não se deixam ser usadas por Ele, justificam suas maldades, guerras em nome de uma deidade profana, que não tem relação com Deus. Por isso dissemos antes: é preciso mergulhar de corpo e alma. Muitos grupos religiosos sugiram para combater erros e trazer ênfase a novos aprendizados, mas à medida que mergulham o físico caem no mundo da matéria e como não têm alma se tornam cancerígenas cuidando só de si, sem se preocupar com o corpo.

 Voltando ao amigo educador, ele conta que depois de muitas idas e vindas com a entrada de chefes e mais chefes, poucos líderes, a situação no trabalho já estava bem desgastante. Na instituição, tida como religiosa, as cobranças eram feitas como se você fosse um profissional de qualquer empresa, mas o retorno como se você fosse um missionário. Viu chegarem e saírem pessoas, a maioria delas saía doente. Muitos chegavam com a ideia de que por ser um confessional vão trabalhar para Deus, trabalhar na obra do Senhor, que ledo engano, muitos deixaram a igreja tamanha foi a decepção, viam fraudes, corrupção e desordem ainda maiores do que as que acontecem entre os "ímpios". Depois de anos, brigando e discutindo com pessoas que não eram a causa do erro, desenvolveu pelo corpo sintomas de estresse, fadiga e cansaço emocional, o grito da alma era tanto que até o contato com o mundo espiritual ficou comprometido. No grupo religioso de que participava, como parte da equipe de trabalho, foi fortemente atacado, ora por não fazer aquilo, ora por não fazer desse jeito, típico das seitas, atacar, até quem é dos seus, se não faz como o deus quer. Um ano antes de sua saída, esteve enfermo, submeteu-se a uma cirurgia, sempre conversávamos.

Um certo dia, ele manda uma mensagem:

"Acho que vim para Nárnia agora. Sinto os ares bucólicos de suas praias e pradarias, posso viajar por ela de um canto a outro agora em questão de segundos".

Perguntei o que tinha acontecido.

"Eu pedi o divórcio... pedi demissão!"

É realmente assim que parece, um casamento, você está comprometido com a empresa, vinculado, formou com ela uma família.

"Cara", continuou ele, "depois da cirurgia, tinha certeza de que ela veio em decorrência de vários outros problemas, ou seja, a raiz do problema não era a doença em si, a doença era fruto advindo especialmente do estresse que enferma o corpo". Foi afastado, não teve comunicação de nada, tudo era um grande mistério para ele, as pessoas sabiam que seria isso e daquele jeito. Já havia se preparado, pois estivera esperando mesmo por isso, que o trabalho ficasse mais leve e conseguisse trabalhar com outros projetos, mas não ficaria longe dos alunos, os jovens dão vigor e força, eles trazem alegria e novidade à existência, são eles que não deixam a geração seguinte se desatualizar. No encontro de professores, no início do ano, a realidade do que alguns falam, que alívio, pensei no meu comodismo, teria menos aulas, e mais tempo para cuidar da saúde; a instituição, numa tentativa de amenizar a situação estranha, da falta de comunicação adequada, falhas e ação antiética, cria ainda mais algumas condições bem vexatórias, para não dizer mais antiéticas e injustas.

Apresentei argumentos, supus situações, mas as respostas ficavam sempre no vamos ver, o setor responsável não tomava decisões, tampouco estava trabalhando em nome dos professores, como deveria, ao menos deveria ser representante, mas eles estão muito aquém daquilo que é apresentado nos encontros, somos uma família, trabalho em equipe, espírito de cooperação — saúde física, mental e espiritual. Nada disso era levado em consideração no chão da fábrica. "E já tinha noção disso tudo, mas já me preparava para repensar o que realmente é mais importante e já queria mais equilíbrio físico, mental, espiritual, financeiro, mas, claro, não tem como simplesmente deixar para lá minhas responsabilidades econômicas e chutar o balde."

Veio o "martelo batido"!

Recebi a mensagem do "FICOU ASSIM"! Mas aquilo poderia ser só um mal-entendido; porém, ao perguntar se havia possibilidade do diálogo: não, "É MARTELO BATIDO".

Já não havia diálogo, em alguns momentos do passado, mas não tão explícito dessa forma — é assim que é e pronto, se não estiver satisfeito, pede para sair. (São questões muito incoerentes nos setores empregatícios não confessionais, mas dentro do contexto em que você se diz religioso fica ainda mais incongruente sobreviver, ainda mais se você se diz comungar dessas ideias religiosas.

Ainda para ilustrar a disparidade entre teoria e prática, temos o trato entre alunos da rede e alunos que não são. A missão diz que se deve levar a salvação a todos, mas a prática é fazer uma verdadeira divisão. Não pode isso, não pode aquilo, e isso nem pensar, ele me contou um monte de situações que fogem, segundo ele, à decência humana. Criou-se uma barreira, no "tempo e no espaço", o muro de Berlim era fichinha. Dividiu-se: alunos para cá, gozam de todos os privilégios, já os de lá, os filhos da outra, sem, sem, sem isso ou aquilo, desorientados e felizes, pois os professores, por ética ou por medo, que eram os mesmos de uns e de outros, não deixavam transparecer e os alunos não sentiam e cada vez que vinha um novo "privilégio" eles ficavam cada vez mais satisfeitos. Que belo exemplo de ética cristã. Como Freud não explica, é melhor esquecer, pois a eternidade tem outros assuntos mais importantes.

Esse é um ambiente tóxico, uma relação de desrespeito profissional e desprovida de qualquer dignidade humana, solidariedade e ética profissional. Entre outras orientei que:

1. Você não quer sair, você quer respeito.
2. O problema, entre outros, é falta de comunicação adequada.
3. Sua causa não é contra a escola, ou pessoas da escola, sua luta é contra os principados do desrespeito profissional, da falta de hombridade, clareza de linguagem, desumanização.
4. Existem "acordos" na instituição que são gritantes, quanto mais íntimos, mais próximos dos caras que seguram o martelo, e não é o de Thor, mais se tem privilégios.
5. Os usos e abusos que se faz daquilo que pertence à instituição são visíveis a ponto de não se ver nem em setores públicos. Gastos e... Mas manda quem pode e se não estiver satisfeito pede para sair.

Para concluir, disse-lhe: a escola decide te mandar embora porque não tem mais interesse nos serviços de um profissional que quer que seus direitos sejam garantidos e por ser autoritária, e só tem interesse em seres robóticos que balançam positivamente cada vez que ela avalia se está tudo bem. Assim ela deve proporcionar todos os direitos garantidos na lei ao te mandar embora ou admitir/aceitar o diálogo moral e ético, não comprometendo nenhum outro servidor.

E ainda: você sentiu frio (calor humano) e não foi coberto, sentiu fome (de afeto, assertividade, intencionalidade) e não lhe deram de comer, esteve enfermo (foi diagnosticado, cortado, acamado) e não o visitaram. Hoje, diga para esse ambiente apartar-se de você. Apartar não no sentido completo, na verdade o que há entre vocês é tão forte como em um casamento, não dá para negar que essa relação gerou frutos, não dá para negar os aprendizados, mesmo se amanhã você encontrar uma nova fonte de alimento espiritual formal, continuará a consumir seu conteúdo, mesmo que não leve mais contigo o nome deles, eles farão parte da sua história e deve ser grato aos muitos aprendizados, e foram inúmeros, e outros que só serão absorvidos com o tempo.

Depois da saída dessa instituição, de forma leve e tranquila, ele conseguiu sentir a poderosa mão de Deus no comando da sua vida, ele havia colocado no quadro dos sonhos: maior cuidado com a saúde em sua totalidade, ser grato pelo trabalho, viajar mais e cuidar melhor da família. Mais tarde contou que sua saúde espiritual, emocional, física e financeira melhorou — passou a trabalhar com aquilo que gosta e sua vida mudou de forma significativa.

Outro amigo também, depois de amadurecer, aprofundar as ideias, seus conhecimentos sobre prosperidade, disse: "Eu sempre acreditei na infeliz ideia de que Deus é capaz de fazer 'milagres'. Queria ser abençoado por um anjo, tal como foi Jacó. Queria ter uma relação tão divina e quem sabe ter uma visão do futuro da humanidade, como a de Daniel ao relevar ao rei Nabucodonosor o sonho da estátua.

Sonhar, como José, e receber a bênção de ser governador de uma importante nação. Queria ir ao terceiro céu, tal como o Apostolo Paulo. É claro que queria sempre o melhor de Deus, tal como ocorreu com esses e outros personagens, mas talvez não estivesse disposto a...

Lutar com o anjo, até o alvorecer.

Ser levado cativo, rejeitar os manjares do rei.

Ser vendido como escravo, manter-se fiel.

Também não estava disposto a ter uma mudança e entrega tão radical, como Paulo depois de cair do cavalo e ficar cego por três dias.

Queria que Deus pudesse realizar algo de extraordinário, mas não estava disposto a pagar o preço, acreditava que somente orando tudo já poderia ir acontecendo. E muitas vezes, em minha ignorância infantil, queria que Deus fizesse por mim aquilo que eu poderia fazer. Deus vai escolher por mim. Deus vai a arrumar bagunça que eu fiz. Deus vai descer com sua espada flamejante e destruir todos aqueles que se opuserem no meu caminho.

Nesse sentido minha religião era meu ópio, dormia e acordava embriagado por falsas ideias, vivendo em um mundo paralelo, de sonhos e fantasias. Deus era meu amigo invisível da infância que me acompanhara na adolescência e se não tivesse tomado cuidado teria ele me acompanhado até a vida adulta e, quem sabe, morrido e qual não seria a surpresa de encontrá-lo do outro lado com cauda, chifres e fedendo a enxofre. Somos muitas vezes submetidos a uma situação que não coincide com a realidade pura dos fatos.

Enquanto eu não me levantei da mornidão espiritual, da devotada inércia em que me encontrava, não pude experimentar o melhor de Deus, nem compreender a forma correta de realização de milagre. Percebi que eu sou o milagre e é por meu intermédio que os milagres vão surgir, vão impactar quem está à minha volta, sou canal de Deus. Aprendi e compartilho de forma resumida."

É preciso abandonar a antiga ideia que limita e impede de viver o melhor. Viver é abrir-se para o novo e o sensacional da vida. Sair dessa crise de superficialidade espiritual. Claro que muitos não têm uma visão correta da religião e das próprias crenças e o primeiro passo é começar a entender que não somos quem pensamos ser.

Alguém pode perguntar: se não somos quem pensamos, então quem somos? Primeiro, não somos nossa mente e é com ela que pensamos, portanto, já não somos quem pensamos. Depois não somos o nosso nome, apesar de que muitas vezes ele está envolvido com o que deveríamos ser. Em verdade, somos muito mais que um nome, uma ideia, um pensamento. Somos, aqui, encarnados, a soma de tudo que já veio, nossos pais, os pais de nossos pais e ainda dos pais dos pais de nossos tataravôs.

Parece meio maluco, para alguns, mas a coletividade, a interação de nossos antepassados ainda está atrelada a nós, como uma corrente difícil, mas não impossível de quebrar. Essa atmosfera antiga criada por suas experiências vai criando a mentalidade do universo. "O universo é mental, tudo é mente." Alguns acham confuso, mas reconhecem bem quando se diz: o pecado original, a queda de Adão e Eva, ideia errada e certa ao mesmo tempo. Errado que nossa culpa seja a deles, não, não é deles a culpa, somos os responsáveis legais por nossas cargas. Mas é correto se imaginarmos que graças aos primeiros pais o planeta vem sendo formado.

Temos nossa carga genética impregnada dessa atmosfera dual e mais as experiências desde que estávamos no ventre materno, a partir disso forma-se nossa carga física emocional, mas isso ainda não é quem somos, é apenas parte daquilo que pensamos ser.

Emoção, sentimento, razão, pensamentos, todos são gerados por impulsos e manifestam-se no mundo físico, porém ainda tudo isso não é o que somos, tampouco somos somente o mundo espiritual. Somos, quiçá, a soma do físico e do espiritual.

Nossa cosmovisão é o cabedal de informações acumuladas ao longo da nossa existência aqui, ela define consciente, na maioria das vezes inconscientemente, aquilo que acreditamos ou deixamos de acreditar. Aquilo que aceitamos como verdadeiro e o que rejeitamos por, ao parecer de nossa influência, ser falso. Portanto, a cosmovisão de um grupo depende do modo como esse determinado grupo foi instruído. Nem sempre todos os participantes de um grupo vão concordar com todas as ideias daquele grupo.

Ao escrever a sua primeira carta aos crentes de Corinto, o apóstolo Paulo diz: "Irmãos, em nome de nosso Senhor Jesus Cristo, eu suplico a todos vocês que concordem uns com os outros no que falam, para que não haja divisões entre vocês; antes que todos estejam unidos em um só pensamento e num só parecer". A recém-formada igreja de Corinto enfrentou os mesmos problemas que, em maior ou menor grau, todas as demais instituições enfrentam quando resolvem implantar ou melhorar novos paradigmas ou ideias novas.

E, mesmo com o passar do tempo, aquelas ideias, aqueles paradigmas caducaram para uns e outros, precisando, mais uma vez, a implantação do novo de novo. Isso não deveria ser ruim, não deveria ser visto como negativo, mas sempre trouxe confusão, discórdia; disputas e guerras foram travadas ao longo da história devido à falta de entendimento, à falta de uma mentalidade inovadora que busque sempre melhorar para todos. Muitos desses impedimentos de progressos e melhorias dão-se justamente por causa da mentalidade velha e enrijecida. Uma mente velha é uma mente que se recusa a aprender, há muitos jovens velhos e há muitos idosos jovens, a diferença está na forma como eles usam suas mentes. Uma pessoa velha sempre impedirá que o novo melhore, aprofunde, amplie. Acomodou-se na superficialidade e estagnou, não permite que aquilo que está mais profundo, ou mais alto, seja trazido à realidade presente. Aquilo está oculto — pensa ele —, não pode revelar, aquilo outro está muito aquém, não pode ousar — conclui finalmente. E assim não avança, nem permite avanço, travou as engrenagens da evolução humana.

A maior parte de nossas ações são dirigidas pela mente, que mente, e se ela mente já não vivemos a verdade da vida, mas uma mentira disfarçada. "Se você pensa que pode, você pode; se pensa que não pode, também está certo." A maior mentira da mente, conforme a tradição tibetana, é a "heresia da separatividade". Separamos grupos, raças, etnias e até nos isolamos do resto do mundo, não para entendê-lo ou entender a nós mesmos, mas para afastar-nos do todo, da fonte, da origem de todas as coisas, aquilo de somos feitos, de Deus. Nele está a origem de tudo e de todos, não somos outros ou outra coisa, somos feitos de seu eterno poder, todos os seres da terra estão tomados por esse DNA Divino que nos conecta uns aos outros. Não somos ego, somos EU (dEUs).

"Eu estou no Pai, O Pai está em mim, eu e o Pai somos um." Se minhas palavras estiverem em vocês, vocês permanecem em mim.

"Eu vim para que tenham vida e a tenham em abundância." Deus é a própria vida, a vida não é Deus, mas Deus, sim, o é, se Ele é vida e Jesus prometeu que a teríamos e em abundância, temos, portanto, Deus em abundância, em profundidade. Conforme sugeriu Paulo em Éfeso, ainda não entendemos a complexidade de seu amor, graça, misericórdia, poder abundante. E somente uma pessoa abundante em poder, misericórdia, graça, amor está preparada para realizar sonhos, viver a verdadeira prosperidade aqui e além.

"Por causa disto me ponho de joelhos perante o Pai de nosso Senhor Jesus Cristo, do qual toda a família nos céus e na terra toma o nome, para que, segundo as riquezas da sua glória, vos conceda que sejais corroborados com poder pelo seu Espírito no homem interior; para que Cristo habite pela fé nos vossos corações; a fim de, estando arraigados e fundados em amor, poderdes perfeitamente compreender, com todos os santos, qual seja a largura, e o comprimento, e a altura, e a profundidade, e conhecer o amor de Cristo, que excede todo o entendimento, para que sejais cheios de toda a plenitude de Deus" (Efésios 3:14 a 19).

ATIVIDADE PRÁTICA

Algumas sugestões para esta atividade:
- Vá a um retiro espiritual;
- Faça um curso de autoconhecimento;
- Envolva-se em uma campanha de oração para ajudar o maior número de pessoas;
- 7 Motivos de oração:

1. Por você: para reconhecer que é parte desse vasto campo psíquico e nele pode influenciar e ser influenciado — Que sejas uma bênção!
2. Por sua família biológica e aqueles que estão ao seu entorno.
3. Por seu grupo / sua tribo: esperamos que com você a vida deles faça mais sentido.
4. Por seus anjos e pelo campo magnético de luz, amor e bondade que circunda todos nós.
5. Pela cura de nossos irmãos que ainda ignoram a luz divina manifestada — Que sua luz brilhe e seja cura para as nações!
6. Pela manifestação da glória dos filhos de Deus.
7. Por mais download de informações do bem em prol da humanidade.
8. Pelo estabelecimento da comunhão da humanidade com Deus.

CAPÍTULO 10

Pleno/total/realizado

> Quem desperta em si
> As forças criadoras da vida
> Realiza a sua íntima essência.
> E nela permanece, intangível,
> Criando paz e silenciosa maturidade.
>
> (Lao-Tsé)

> Sede perfeitos como vosso Pai Celeste é perfeito.
>
> (Jesus)

Ainda voltando ao livro de Efésios: Efésios é uma carta bastante espiritual; diferentemente de outras, ela não é uma resposta a um problema específico, mas apresenta uma verdadeira comunidade universal, unida pela conexão com o Todo, não havendo separação, discórdia e, o que é melhor, as pessoas são ensinadas a viver uma vida plena, em total realização consigo e com o Todo.

Vejamos algumas informações relevantes. Já no início da carta, o apóstolo aos gentios revela a condição daqueles que seguem o Divino: "abençoados com todas as bênçãos espirituais". Seriam santos, irrepreensíveis, sábios entendidos, selados pelo Espírito Santo. Para que propósito? Para que como corpo do Deus altíssimo ajudassem a convergir, na plenitude dos tempos, todas as coisas terrenas e espirituais em um único ponto — Aquele que era e que há de vir.

No capítulo 1, Paulo faz uma poderosa oração, roga que Deus conceda o ESPÍRITO DE SABEDORIA E DE REVELAÇÃO no PLENO CONHECIMENTO DE DEUS. Inclui ainda que os olhos do coração sejam iluminados — que a esperança e as riquezas da sua glória, tal como o poder de ressuscitar, sejam acrescentados aos seguidores d'Aquele que é GOVERNADOR do mundo, CABEÇA de todas as coisas, PLENITUDE que enche todas as coisas em toda e qualquer circunstância.

Uau! Já no início da carta, a ele é revelado o que estava oculto por muito tempo, para muitos povos, também confirmado em Efésios 3:3,4, ocultado em tempos passados aos filhos dos homens, mas revelado o mistério por meio do Espírito Santo. Em verdade, era algo tão inusitado até mesmo para o apóstolo que ele interpretou com o conhecimento que, naquele momento, era o todo revelado. Sabe-se que já houve nações e povos que usaram o segredo para transformar e melhorar o mundo, para a grande maioria ainda oculto, e mesmo que, desde os escritos paulinos, sempre tenha estado aqui, continua havendo pessoas que desconhecem.

No passado, é bem provável que o Egito tenha sido, com os hebreus, a nação que mais se beneficiou desse conhecimento. Muito de seu legado, tanto egípcio quanto hebraico, ainda é para muitos de nós, mesmo com tantos avanços, um mistério.

Paulo revelou Cristo e sua magnífica missão cósmica planetária — ser ímã que atrairá, na plenitude dos tempos, todas as coisas a si. O mundo, que estava em densas trevas, agora, retornará à gloriosa luz. Aqueles que estão mortos poderão novamente viver. Os que estão no erro/pecado poderão ser educados/salvos. Não mais ser guiados pelos próprios desejos do pensamento, mas agora sem desejos seguir os passos do pastor, guia e modelo.

Transformar o velho mundo em um mundo novo e melhorado, apresentar ao mundo a multiforme sabedoria de Deus. Paulo foi realmente agraciado. "Como me foi este mistério manifestado pela revelação [...] O qual noutros séculos não foi manifestado aos filhos dos homens, como agora tem sido revelado pelo Espírito aos seus santos apóstolos e profetas."

Depois temos o capítulo 3, em que ele apresenta como a divindade pode habitar o humano, tal como experimentaram nossos primeiros pais no jardim. Essa mesma capacidade, essa mesma luz os tornava acessíveis à divina presença. Tal conexão existia e sempre existiu, ainda hoje, mas oculta aos olhos dos insensíveis, insensatos e incrédulos.

A Paulo é revelado o maior mistério, a maior magia de todos os tempos. (Cito magia com sentido de ser a ciência dos magos, tal como aqueles que, como no nascimento de Jesus, sabiam que aconteceria, pois estudavam a magia dos tempos no cumprimento das sagradas profecias.) Céus e terras, de fato, nunca estiveram separados, apenas escondido dos olhos presunçosos, "O que está em cima e como o que está embaixo" e ao longo de muitas civilizações podemos perceber isso. Um segredo foi sendo passado de geração em geração, sem privilegiados ou escolhidos. "Quando o discípulo está pronto, o mestre aparece." Independentemente de cor, ração ou cultura, apenas permitir-se preencher-se, elevar-se, iluminar-se e pronto! Surgem Budas, Cristos, Avatares. Os primeiros, os budas, seres que se permitem iluminar-se com a luz da verdade a eles revelada, dentro do seu contexto e sem pretexto para ser excludente, aprisionar. Tal como o sânscrito, língua sagrada da Índia, buda é aquele que se realiza espiritualmente. Já os segundos, os ungidos de Deus, os messias que Deus envia a este mundo de trevas para iluminar os demais, ou seja, deveriam ser cada um de nós seres humanos aqui neste planeta escuro, deveríamos ser, além de Buda, Cristo, ou seja, avatares, que materializamos a divindade em forma humana; se atentássemos bem, poderíamos de fato recordar que somos, sim, sopro divino, uma chispa divina. E se trabalhássemos em nós essa lembrança primordial, recordaríamos a essência divina em nós, descobriríamos todos os segredos do universo e, ainda, insatisfeitos, como se essa pudesse ser a mais apropriada palavra para esse novo nível, inventaríamos de criar e recriar o novo de novo, ainda melhor do que antes.

E Paulo continua sua revelação, outrora oculta em Deus, e sem poupar palavra ele faz uma petição a Deus por TODAS as famílias da terra, para que sejamos plenos em Deus, ou seja, que Cristo habite no interior do ser e assim possamos conhecer, ou reconhecer, largura, comprimento, altura e profundidade, ou seja, que a quarta dimensão, a dimensão espiritual, seja novamente revelada. O véu que impedia os olhos de enxergar foi removido, rasgado. Podemos viver a plenitude de Deus. "Ora, àquele que é poderoso para fazer tudo muito mais abundantemente além daquilo que pedimos ou pensamos, segundo o poder que em nós opera" (Efésios 3:20).

Se pudéssemos de fato perceber a grandiosidade escrita no livro de Efésios, mudaríamos por completo nossa maneira de ver e viver a realidade. Infelizmente, tal como aconteceu no passado, quando a Bíblia, tal como outros escritos, era artigo de luxo, hoje, mesmo com a facilidade de acesso às sagradas letras e outros inúmeros materiais, padecem algumas pessoas de limitar sua relação com Deus a um determinado grupo religioso ou dogma farisaico, gerando desinformação, desinteresse, escassez e consecutivamente infelicidade. Líderes religiosos e até o texto lido fora de contexto dão margens para acreditar que Deus está se dirigindo a um grupinho específico, como aqueles guardadores disso ou daquilo. Mas não é bem isso, Deus quer que "todos cheguemos à unidade da fé, e ao conhecimento do Filho de Deus, a homem perfeito, à medida da estatura completa de Cristo" (Efésios 4:13).

Ao escrever Paulo define como deve caminhar a humanidade, não mais agir como meninos; o próprio Cristo já havia mencionado isso outras vezes; agora o apóstolo retoma que não devemos ser enganados por falsos mestres; Jesus se referia aos falsos mestres judaizantes que criaram preceitos que eles mesmos não poderiam suportar, fazendo da religião um fardo tão pesado que arrastavam todos para um inferno terreno.

Tanto tempo se passou e ainda não conseguiu o ser humano entender essa verdade, Cristo é a cabeça; reafirma Paulo: "Do qual todo o corpo, bem ajustado, e ligado pelo auxílio de todas as juntas, segundo a justa operação de cada parte, faz o aumento do corpo, para sua edificação em amor". Somos todos um. Não há separação, quantos mais precisam morrer para que deixe o homem de adorar falsas crenças e falsos deuses. "Só há um Deus e Pai de todos, o qual é sobre todos, e por todos e em todos vós." Por que ainda há quem acredite nos falsos ensinamentos que usam esses mesmos versos para ludibriar e fazer com que as pessoas aceitem seus falsos ensinos de mudar de "religião" porque só esta ou aquela é a certa? Não estou dizendo que alguém não possa mudar de religião, mas que seja consciente e em um grupo que tenha a mente de Cristo.

Paulo, ainda enfatizando a união entre os crentes e Cristo, diz que é um "grande mistério", claro, tão grande que o próprio apóstolo não tinha como comensurar essa união cósmica em que o céu mais uma vez desceu, sendo que nunca de fato subiu, mas tal como acontecerá, conforme revelado em Apocalipse, à Cidade Santa, à Nova Jerusalém. Ou seja, o próprio Jardim do Éden descerá, ou melhor, será revelado para que possamos reiniciar nossa história nele, do princípio, mas desta vez sem mais errar o alvo, sem mais ouvir o conselho da serpente ego. Ser "imitadores de Deus", tal como fomos criados: "segundo a sua imagem, conforme a sua semelhança".

E finalmente no último capítulo Paulo mais uma vez retoma o conceito de que o evangelho de Cristo é um mistério. E quem diria que todo esse mistério também tem tudo a ver com ser uma pessoa próspera, saudável e rica. A última palavra que se relaciona com prosperidade é justamente plenitude, do latim, totalidade, cheio, pleno, inteiro, completo.

Alguém que ignora tudo o que Paulo menciona em Efésios, bem como o que outros profetas têm revelado, não pode de fato ser pleno, total, inteiro, próspero.

Perceba como a ideia de plenitude, totalidade, prosperidade sempre irradia as fases do ser humano. Inicia-se na nossa infância, quando cremos que tudo é possível e que podemos todas as coisas. Durante a adolescência, sonhamos, apenas sonhamos, pois as crenças limitantes já começam a nos distanciar de quem realmente somos, daquilo que nascemos para ser, da nossa missão de vida, coletiva, próspera. Os adultos, muitas vezes, não conseguem sequer lembrar de seus sonhos, quem dera realizá-los, alguns sonhos são comidos por aves, que os encontraram à beira no caminho, outros secam ao calor das emoções, mesmo tendo brotado, e ainda mais outros foram sufocados pelos espinhos de ideias alheias "bem-intencionadas", às vezes, os da sua própria casa. E, finalmente, mas também, infelizmente, poucos, os sonhos plantados na fértil terra que dá seu fruto a 30, 70 e 100 por um, apenas um bom sonho plantado. "E quem tem ouvidos para ouvir, ouça."

Ainda podemos ter uma existência de significados, ainda se pode sonhar e realizar sonhos. Sim, é possível ser tudo o que se nasceu para ser. Tudo é possível, diz nossa infância, nesse sentido é preciso ser como criança e nunca parar de crer. Mas também é preciso não ser como crianças levados por qualquer vento de incredulidade, crenças paralisadoras, tampouco imaginar que não se tem que fazer sua parte, que tudo cairá do céu. Depende, sim, 100% do seu esforço, isso se chama AUTORRESPONSABILIDADE.

Observe a natureza, um simples botão de flor. Seria realmente necessária tanta quantidade de pólen? Em uma árvore, para que tantos galhos, sementes, folhas, raízes? Ela poderia se contentar em ser apenas o que dá para ser.

Olhe para o universo, é realmente necessário haver tantas galáxias, tantos corpos celestes? Talvez só precisasse existir a nossa galáxia, com cerca de 200 bilhões de estrelas, ou quem sabe a vizinha Andrômeda. Mas não, existem cerca de 2 trilhões de galáxias. Já imaginou quantos são os corpos celestes? E não para nos corpos celestes.

Percebendo a abundância na natureza e no cosmo, poderíamos pensar que o ser humano é, pois, limitado, o que é um engano; apenas como exemplo simples, vamos citar a produção de ovos e espermatozoides, para que tantos? Você e eu somos micro, reflexo do macro. A abundância, o ser próspero, está inserida em toda a natureza, em todos os animais, em todos os seres humanos. Ser próspero é uma legalidade legítima como filhos de Deus, criados segundo a sua imagem, conforme a sua semelhança. Deus quer lembrar, ou melhor, quer relembrar, tudo é possível, sim, tudo possível é dentro do limite proposto e nem mesmo o céu é mais o limite.

Tudo à volta vibra a abundância, tudo à volta flui as bênçãos da criação de um ser que é prospero, abundante, fértil, abençoado e abençoador. O céu não está distante da terra. Ela é esposa, ele é noivo, sua relação não é de separação, mas de conexão, não estamos separados de Deus nem fomos abandonados à própria sorte. Gosto da história da escada de Jacó, ela apresenta que não estamos sozinhos, os anjos subiam e desciam, ou seja, já temos aqui miríades e miríades de seres angelicais cuidando de cada ser, e mais que isso é também o ser humano, o verdadeiro pontífice, a ponte entre o céu e a terra. Gosto muito do poema intitulado "O louco" de Khalil Gibran, nele é revelado o homem na relação com Deus.

Em primeiro momento, o homem se submete a Deus e espera que Deus se comunique pela imposição das leis e do medo. Depois o homem se submete pela hierarquia e respeito, entendendo que Deus é pai e ele filho, mas é somente quando o ser humano se torna consciente que é um fractal menor e que está contido no Todo maior que a comunicação entre os dois mundos acontece, é quando o homem ouve finalmente Deus.

"Muito antigamente, quando a primeira trepidação da fala me chegou aos lábios, subi a montanha sagrada e conversei com Deus, dizendo:

— Senhor, sou vosso escravo. Vossa vontade oculta é minha lei e vou cumpri-la para todo o sempre.

Mas Deus não respondeu e passou por mim como uma tempestade violenta.

Mil anos depois, voltei a subir a montanha sagrada e falei de novo com Deus, dizendo:

— Criador, sou vossa criatura. Com barro me fizestes e a vós devo tudo o que sou. Mas Deus não me respondeu e passou por mim como mil asas velozes.

Depois de mil anos, subi a montanha sagrada e falei de novo com Deus:

— Pai, sou vosso filho. Com amor e compaixão me destes a vida e com amor e adoração vou herdar vosso reino.

Mas Deus não me respondeu e passou por mim como os véus da neblina das montanhas distantes.

Passados outros mil anos, subi a montanha sagrada e me dirigi ao Criador de novo, dizendo:

— Meu Deus, meu alvo e minha plenitude, sou vosso ontem e vós sois meu amanhã. Sou vossa raiz na terra e vós sois minha flor no céu, e juntos crescemos diante da face do sol.

Então Deus se inclinou para mim e sussurrou em meus ouvidos palavras doces e, como o mar que abraça um riacho que nele deságua, ele me abraçou.

E, quando desci para os vales e as planícies, Deus também estava lá."

Que magnífico poema, "sou vossa raiz na terra e vós minha flor no céu, e juntos crescemos diante da face do sol". Deus não está longe de nós, Deus está conosco, Deus está onde estamos, que extraordinário conhecimento nos é apresentado! É um aviso luminoso, de uma ciência ancestral, que foi esquecido pelo homem. Em que estágio está a humanidade? Em que nível estaremos? Deus não lança pérolas a porcos. A inteligência suprema espera que sua criação atinja ainda neste tempo o novo patamar divino.

O poema ainda apresenta que a revelação de Deus é progressiva, o homem não pode conhecer a Deus em sua plenitude, é preciso mergulhar mais e mais: "Conhece-te a ti mesmo e conhecerá a Deus". Deus dá novas pistas de quem somos e de quem Ele é. De tempos em tempos, à humanidade é apresentado um conhecimento específico, assim foi no Egito, na Judeia, na Índia, em diversas partes do globo, em épocas diferentes. À medida que a humanidade se torna de certo modo preparada, vêm novas informações, surgem novos seres iluminados para trazer ao mundo uma mensagem; em geral, se chama de mensagem oculta, pois o conhecimento já está lá, sempre esteve, mas estava escondido/oculto aos olhos. Acreditamos que em breve nos serão revelados novos enigmas, novas pistas sobre nós mesmos e também sobre Deus. E, conforme Rom.: 8, cito mais uma vez aqui, e quantas vezes for preciso, isso deveria ficar estampado à vista de todos: "A natureza criada AGUARDA, com grande expectativa, QUE OS FILHOS DE DEUS SEJAM REVELADOS, pois ela foi SUBMETIDA À INUTILIDADE, não pela sua própria escolha, mas por causa da vontade daquele que a sujeitou, na esperança de que a própria natureza criada será libertada da escravidão da decadência em que se encontra, recebendo A GLORIOSA LIBERDADE DOS FILHOS DE DEUS. Sabemos que toda a natureza criada geme até agora, como em dores de parto". Magnífico!

UM CHAMADO PESSOAL

Não olhe somente para o que já foi feito, mas também para o que você ainda pode fazer.

Paulo Farias

Nasci em uma família de poucas posses e muitas crenças limitantes. Sempre quis mudar a chave. Queria obter muito dinheiro, achava que isso, ou só isso, mudaria o rumo da minha história e dos meus. Era egoísta. Desconhecia que essa, assim como as demais crenças, me limitava de ter o que almejava, e ser realizado.

De moleque interesseiro, que queria dominar o mundo, a adolescente frustrado com a realidade dura que a vida, às vezes, revela. Estive envolvido com grupos religiosos e dou graças a Deus por ter tido contato com eles durante esse período preparatório, acredito que todos tiveram e terão a oportunidade de, de alguma maneira, ser alcançados pela divina voz do Todo Poderoso, que sussurra e às vezes grita chamando seus filhos a encontrarem o Bem, a Luz, a Sabedoria, o Amor.

Encontrei a Cristo. Esse é um parecer pessoal, algo que tive e como para mim se manifestou, assim como para muitas pessoas, de diferentes maneiras, Deus se revela, e assim o foi para mim.

Era noite, chovia, em verdade, era uma leve e bastante tímida garoazinha. Colégio público, era meu segundo ano ali, naquela escola e também naquele município. Fiquei ali somente dois anos, naquele meu último, o que estava para acontecer, me parece, só teria acontecido se eu estivesse ali e passado pelo que passei. A importância de respeitar os processos.

Deus tem um propósito específico para cada ser humano. Para cada um, conforme seu estilo e por suas habilidades, Deus se revela de uma forma específica, de modo a alcançar a todos. Quando digo Deus, não uso o termo como esse ou aquele, dessa ou daquela religião, mas como a Inteligência Universal, o Inominável, a Verdade pura e imutável. Digo isso porque já cometi muito equívocos de achar que havia um grupo específico que carregava as credenciais divinas, como se Deus pudesse negociar com instituições que falham e usam de artifícios, às vezes espúrios, para manter o domínio e o poder. No passado as guerras se travaram e ainda hoje acontecem por essa temática ser, ainda, muito mal interpretada. Seja na pequena comunidade, seja nos grandes modelos políticos que determinam o curso da história da humanidade, isso é um mal que precisa ser extinto. Deus não assinou nenhum contrato com nenhuma instituição. Ele é Deus e não há outro, não está limitado a essa ou àquela crença. Sua força invisível atua em tudo e em todos. Todos aqueles que se permitem ser canal de bênção o serão.

Voltando àquela noite de aconchegante clima, parecia que o próprio Deus planejara tudo. Havia um ano que tinha começado a estudar a Bíblia, com uma garota "crente"; na época, ali, todos os que que não eram católicos naquela comunidade eram chamados assim, os crentes. Aquelas noites de estudos se tornaram muito mais interessantes porque a cada nova pergunta mais perguntas surgiam e um véu era removido.

Tudo era esclarecido conforme o pensamento do grupo ao qual ela pertencia, ela era pentecostal. A "Su" não se intimidava, tampouco se envergonhava, por exemplo, ao chegar na entrada do colégio, gritar meu nome, na frente dos demais estudantes, e dizer que Jesus me amava. Ora, e por qual motivo Ele me ama? Fiz algo para receber em troca esse amor? E se de fato isso é verdade por que sendo Ele assim tão poderoso e me amando tanto, por que ainda vivia infeliz, pobre e sofria tanto? Faz sentido para alguém isso? Bastante ilógico, não acha?!

E mais passagens se abriam: "Deus amou o mundo de tal maneira..."; "Deus prova seu amor para conosco que deu..."; "Em nenhum outro há salvação, pois debaixo do céu, nenhum...". Pronto! Lá estava eu me preparando para atacar outros grupos religiosos. "Pois não foi Maria, Pedro ou José que morreu e ressuscitou para garantir a vida eterna..." e o blá-blá-blá que naquela época era dito para justificar sua mudança de um grupo para outro, contudo, apesar de esse ser um aspecto negativo, havia uma infinidade de mudanças positivas que se introduziriam na vida a partir do momento daquela decisão.

Agora, sim, depois de um ano, eu já havia tomado a decisão de aceitar Jesus como único e suficiente salvador, Ele passaria a habitar em mim por meio do Espírito Santo de Deus e eu seria, agora, uma nova criatura, as coisas velhas passariam.

O ambiente para a oração de aceitação na família de Deus estava pronto, apesar de que nada havia sido planejado. Falando hoje soa até meio cômico, principalmente pelo que está na memória e que de alguma forma a letra não pode alcançar, mas foi uma experiência tremendamente positiva e divinamente aceita pelos céus. Meus amigos e futuros irmãos em Cristo, uma moça e um rapaz, que havia se juntado à primeira para preparar o novo converso, nesse caso eu. Naquela noite, além da tímida garoazinha, o ar, o clima e até o local escolhido, o final do corredor do colégio, ganharam novas cores e novos aromas, as luzes ficaram diferentes, havia no ar um cheiro de comida boa, bem preparada, anos mais tarde senti o mesmo cheiro, mesmo sem senti-lo de fato, ao ler o livro *A Cabana*, exatamente naquele momento em que Papai está assando um pão com um cheiro delicioso. Ali estava o cheiro de comida deliciosa, a atenção dos anjos voltou-se para lá, até chamei a atenção deles para a cena, para o brilho especial das luzes, mas eles temiam pelo pouco tempo que tinham e pela fiscalização nos corredores, era como se estivéssemos fazendo algo de muito grave e poderíamos ser severamente punidos. Bem, uma das moças ficou de guarda, caso aparecesse alguém; a Su e seu amigo se encarregaram de perguntar mais uma vez, "Você aceita Jesus e permite ser templo vivo de Deus?". Sim! Ali mesmo, aqueles, que estavam anjos e servos do Deus altíssimo, oraram e consagrei a vida para ser seguidor do Divino. Foi incrível, passei os próximos dois ou três dias como se estivesse pisando em solo lunar. Minha mente estava leve e eu experimentei uma sensação de paz inexplicável, como quando uma criança se coloca nos braços protetores da mãe. E eu ali, nos braços de Deus, poderia qualquer coisa, mesmo que fosse pequeno, indefeso, estava completo e pronto para viver a minha missão de vida. Ali, amado e seguro, tinha tudo que precisava para ser feliz, como se eu tivesse me encaixado exatamente onde deveria estar. Mesmo sem entender o todo, sem entender o que estava prestes a encarar, passar, já dava ali os primeiros passos para uma comunicação com o Transcendente.

Saí no mesmo ano daquele colégio, tive que enfrentar o preconceito de amigos que também gostariam de tomar a mesma decisão, mas temiam as críticas e a perda dos privilégios dos festejos mundanos, imoralidades, que não precisava ser dessa ou de outra crença para ser moralmente comprometedora, mas naquela época, e ainda deve ser hoje, o cristão deve ser visto como aquele que respeita as leis de Deus.

Meu próximo desafio, depois de encarar a família, que era de outro grupo religioso, foi a comunidade, que era bem pequena e todos queriam saber os porquês para muitos questionamentos, amor e ódio conviviam, e por uma simples mudança e para o bem. Não tinha todas as respostas, mas o que havia estudado durante os intervalos na escola já estava sendo posto em prática. Anos antes meu tio, um tio muito querido, havia me presenteado com uma Bíblia, ele me disse que se eu a estudasse encontraria a igreja verdadeira, que era aquela a que ele pertencia, é claro! Um parente logo me aconselhou, não leia muito isso, senão você vai ficar louco, já aconteceu com seu tio. Aquela Bíblia era meu livro de cabeceira, mesmo sem entender tudo, lia e, às vezes, por causa das crenças que me limitavam e algumas práticas vergonhosas de alguns professores cristãos, pulava algumas partes e não entendia muita coisa, continuo não sabendo tudo, temos uma fonte inesgotável de conhecimento e poder que seguramente só desvendaremos totalmente na eternidade.

Ainda durante o ensino médio, durante as aulas de religião, todo o tempo da aula era tomado para discutirmos a fé evangélica e/ou os temas de vida, morte, santos, profanos etc. E, muitas vezes, os demais alunos assistiam, como se fosse um seminário preparado, às longas discussões que eram travadas na sala; naquele momento, imaginava que estava evangelizando o professor, tinha o desejo de vê-lo parar de fumar, além de que ele fizesse parte também de um grupo distinto, melhor que fosse o meu, mal imaginava eu que era o professor que estava me educando a ser mais tolerante e menos compassivo com os erros em mim. Tenho uma gratidão imensa no coração ao lembrar daquele educador. Para alguns, ele era extremamente agressivo com as palavras, quando alguns alunos o tiravam do sério, era temido por muitos alunos, aprendi a amá-lo e ainda hoje suas palavras ecoam de forma positiva. Perdi com ele o contato, mas aproveito para declarar eterna gratidão àquele educador e a todos os demais educadores que fizeram e fazem a diferença na vida de seus educandos.

Outros muitos fatos foram acontecendo ao longo da estrada, tive que agregar novos hábitos religiosos, mas considero que aquele momento foi um divisor de águas. E finalmente, na idade adulta, consegui entrar na sala da revelação universal, que estava lá, sempre está lá, mas somente àqueles que se animam em buscá-la lhes é apresentado o simples e maravilhoso universo de possibilidades, em que não somente as posses financeiras, mas o conhecimento de como se transformar naquilo que nasceu para ser. Compreender finalmente qual é a palavra sagrada. Aquela palavra que é só sua e, sem ela, o mundo estará incompleto. Aprender a dominar-se e a exaltar quem realmente deve ser exaltado. E a buscar a verdadeira prosperidade, que me é como um chamado espiritual.

Precisamos de você!

Deus tem um chamado especial para você. Se você está lendo este texto, se de alguma forma veio até você, tudo isso tem uma razão de ser.

Não existe coincidência. Certa vez eu estava na biblioteca do município, enquanto olhava os títulos um em especial me chamou atenção, tomei-o, li com tanta firmeza que tinha certeza de que aquele título me traria muita inspiração, mas minhas limitantes crenças me impediram de levá-lo para casa, havia uma palavra que não estava em consonância com minha filosofia de vida daquele momento, deixei-o. Mas para minha surpresa o mesmo livro chegou até mim. Uma pessoa veio entregar-me algo e junto me trouxe o livro — Achei a sua cara — me disse ela. Tomei o livro nas mãos e ainda incrédulo o pus na mesa de jantar. A pessoa saiu, fiquei novamente sozinho. Sentei para comer. Lembro que entre os alimentos havia soltado na mesa farelos, esses farelos tinham um formato de um desenho que não parecia familiar, mas era convidativo e inquietante, olhei o livro, o desenho, estava só, me veio uma sensação muita estranha, mas não negativa, e ainda mais estranho foi o impulso de olhar o céu noturno, levantei, abri a porta, no céu, o mesmo desenho que estava na mesa, parecia que eu tinha visto/vivido aquilo antes, era como um déjà-vu. Tive que olhar várias vezes para confirmar que não estava ficando louco. Era muito nítida a semelhança. E para aumentar ainda mais aquela "coincidência" esse era justamente o tema que se tratava no primeiro capítulo do livro que acabara de receber por uma feliz "coincidência". Nem posso mensurar a diferença que aquele livro fez na minha vida, durante muito tempo, e ainda hoje posso dizer que, em parte, sou eco do que absorvi ali.

Não escrevo aqui o título daquela obra para que você não pense que é o livro em si que fez a diferença na mudança significativa; na verdade, o desejo, a disposição em aprender, em saber, em querer algo é que faz a diferença, mas é claro que o conteúdo ajuda. Lembro que até a dedicatória, que obviamente não era para mim, continha nela uma mensagem que me acompanharia durante minha trajetória de vida; se até a dedicatória tinha isso, imagine o todo no livro.

É impressionante como em cada importante fase da vida as obras, os livros, ou mesmo trechos foram surgindo e fizeram uma diferença tremenda e, em todos os casos, elas apareceram por providência, nunca por um mero acaso. Este texto é uma providência para melhorar sua trajetória e ampliar sua perspectiva.

Já sabemos que não ser próspero é um problema seu, mas interfere em todos à sua volta, no universo inteiro e no cosmo, pois, se tudo diz que é preciso brilhar, expandir, seguir o fluxo da vida, quando você não faz, você é corpo estranho, adivinha o que acontece com corpos estranhos, a própria natureza se encarrega de se livrar desse corpo estranho. Isso também já aprendemos, não é preciso ter dinheiro, mas se deve, sim, ser rico, não é preciso ter tudo, mas precisa, sim, ser próspero.

Há muitas situações tais como crenças limitantes, egoísmo, medo, incredulidade, entre outras que impedem de ser próspero. Agora ajuste a realidade do ego, do medo com a matriz do criador. Tudo se resume em ser simples (sincero e grato), ser confiante (verdadeiro, verdade).

E, se você ainda tem dúvida, aqui tem ainda mais algumas razões para ser próspero.

1. Ser livre;
2. Ser imitador de Deus;
3. Expandir o bem, a luz;
4. Ser tudo o que nasceu para ser;
5. Vibrar mais amor por si, pelos demais.

O Chamado é, também, para que você possa:

1. Ser simples;
2. Ser responsável;
3. Ser capacitado e confiante;
4. Ter um propósito inabalável;
5. Encontrar e viver sua missão de vida.

Simples

Ser simples implica confiar que Deus cria o universo com simplicidade, justiça, amor e equidade. Pode parecer confuso no início, mas a ideia de ser simples é simplesmente confiar em Deus. Essa confiança no eterno passa fundamentalmente pela confiança em si mesmo. O contrário de confiar em si é deixar o controle ao cargo do ego, o maior inimigo do eu. Tudo que Deus Criou é bom e tudo foi criado por um propósito bem definido. Você e eu fomos criados por um Ser que sabe infinitamente mais. Ser simples é viver de tal maneira que você experimente a cada dia, a cada novo dia, as novidades desse ser que sabe exatamente que somos capazes de fazer tudo aquilo que está sendo revelado. A Bíblia chama isso de viver em novidade de Espírito, e assim poder experimentar a boa, agradável e perfeita vontade de Deus.

Responsável

Autorresponsabilidade é não entregar ao outro a responsabilidade que devemos cumprir. No caso de um sujeito que quer receber o milagre, mas não quer ser o canal de Deus para esse processo. Quer escrever um livro? Um anjo não vai aparecer na janela de seu quarto, acordá-lo com cócegas no nariz, e entregar uma pena mágica, com ela você escreverá tudo que vai ditando o anjo.

Uma pessoa que espera uma salvação mágica para resolver seus problemas não está comprometida consigo nem com o sucesso. Esperar que a crise passe, que o governo mude, que uma situação qualquer aconteça para agir é ser um inimigo de si e dos demais e de Deus. Autorresponsabilidade é o comprometimento de todo ser vivente nesta terra. É bem verdade que muitas vezes o ser humano passa a viver um mundo de sombras. Diz muitas vezes que está sendo atormentado por um suposto diabo que, acredita ele, vive em um inferno, e é responsável por tudo de errado que existe. Ideia bastante atrativa para fugir da responsabilidade, mas falsa: o único real adversário do ser humano é o próprio homem, não disse outro homem, mas o próprio ser. Assumir a responsabilidade do controle da vida é não culpar ninguém, tampouco criticar outros, ou se sentir injustiçado. Seja a causa, e não o efeito, você nasceu para brilhar! Esse é o seu legado de direito, seja seguidor do divino e imitador de Deus.

Capacitado e confiante

Quando se sabe que depende de si e não do outro a realização de uma tarefa, você simplesmente vai lá e faz. A vida deve ser assim. Certamente você já ouviu falar da "história de 4 pessoas" (Alexandre Rangel).

TODO MUNDO, ALGUÉM, QUALQUER UM e NINGUÉM. Havia um importante trabalho a ser feito, e TODO MUNDO tinha certeza que ALGUÉM o faria.

QUALQUER UM poderia tê-lo feito, mas NINGUÉM fez.

ALGUÉM zangou-se porque era um trabalho de TODO MUNDO.

TODO MUNDO pensou que QUALQUER UM poderia fazê-lo, mas NINGUÉM imaginou que TODO MUNDO deixasse de fazê-lo.

No final TODO MUNDO culpou ALGUÉM porque NINGUÉM fez o que QUALQUER UM poderia ter feito.

Apesar do texto falar expressamente de responsabilidade, quem é dotado de capacidade e confiança juntas não permite que aquilo que tem que ser feito seja impedido por um motivo ou outro. Por isso que capacidade e confiança estão conectadas com responsabilidade, pois quem não tem essa última fará aquilo que não deveria, no tempo e no lugar que não lhe caberia. É o sujeito então que invade o espaço e a função do outro, muitas vezes só para mostrar serviço ou receber aplausos para si. E não para o todo comprometido. Isso geralmente acontece, em empresas, quando o funcionário é contratado recentemente, no afã de chamar atenção para o desempenho de suas funções, esquece, por vezes, de suas atribuições. O sujeito dotado somente da capacidade, porém desprovido de confiança em si mesmo, vai esperar que alguém lhe outorgue a realização de uma ação que por exigência de rapidez deve ser realizada em tempo e fora de tempo.

Como vimos há uma relação intrínseca entre as palavras, uma depende da outra e cada uma guarda consigo uma ligação forte com o objetivo de ser próspero, abençoado, cheio de bondade, amor e luz. Tal como vai acontecer com propósito e missão, que não vamos abordar em sua profundidade.

Ter um propósito inabalável

Fomos criados por um Ser que sabe infinitamente mais, sabe inclusive que nada no universo é por acaso, tudo tem seu porquê. A vida é sempre feita de propósitos bem definidos e são estes que alimentam a nossa estadia aqui neste planeta. O ser humano tem durante sua existência vários alvos a serem conquistados, desde a conclusão de uma formação acadêmica, conquista de títulos, ajudar a família, construir uma casa, viajar, até a execução de uma grande carreira de sucesso ou consolidação de um verdadeiro império, que pode ser um sonho alimentado por clã familiar ou um único indivíduo.

Os propósitos alimentam a missão, portanto, esta não existe sem aqueles. Entre esses propósitos, há um que faz sua alma vibrar, ele grita dentro de você, querendo vir à existência, podendo ser ou não, fazer ou não parte de sua missão genérica ou especial.

Encontrar e viver sua missão de vida

Fomos criados por um Ser que sabe infinitamente mais. Ele não cria nada sem um propósito, ele não deixa nada ao acaso no universo. Estrelas e outros corpos celestes, plantas, ervas, acontecimentos históricos, tudo tem se mostrado sob o controle de uma inteligência superior. Até eventos pessoais têm apresentado um ponto de harmonia cósmica. A história da humanidade está repleta de eventos de homens e mulheres que movidos por um intenso e devotado senso de missão transformaram o curso da história. Marie Curie, Madre Tereza, Louis Pasteur, Luther King, Albert Einstein, Gautama Buddha. Esses e vários outros ajudaram a trazer melhorias para todo ser humano. Você certamente veio a esse mundo com uma missão especial. Precisa, pois, descobrir qual é.

A história do francês Jean-François Champollion, responsável por decifrar os hieróglifos a partir de um importante artefato, a Pedra de Roseta, bem como toda uma vida devotada a estudar aquela cultura, permite concluir que foi esta sua principal missão de vida: dar início à Egiptologia, redescobrindo o Egito, sua cultura e seus mistérios. Graças a ele, o mundo pôde conhecer e continuar conhecendo toda a riqueza cultural, econômica e espiritual de uma nação que aprendeu muito no passado, e hoje, no presente, tem muito a ensinar.

Cada ser aqui deve saber a que veio; trabalhar por algo que lhe seja superior é confirmado pela psicologia, é essencial para consolidação de uma vida bem vivida. É sem sombra de dúvida também isso que diferencia os humanos de outros animas.

Crê-se que cada ser humano, essa entidade única e insubstituível, tem uma missão especial aqui no planeta, quem sabe ser receptáculo para o Messias, ou servi-lo como discípulo, ou, assim como o Cristo, levar ao mundo uma mensagem de poder e empoderamento. Quem ainda não sabe a missão específica deve com urgência reconhecer que há uma missão geral que consiste de servir de instrumento para melhorar tudo à sua volta. Alguns apresentam três situações de missão geral — pertencente a cada ser.

1. Trabalhar e melhorar a si mesmo em suas debilidades e fraquezas.
2. Trabalhar e melhorar as pessoas em seu entorno.
3. Trabalhar e ampliar seu nível de colaboração e ajudar — ser um seguidor e instrumento do Divino para expandir e melhorar o mundo.

Assim, é missão de todos nós contribuir para o melhoramento e prosperidade do planeta, em todas as áreas.

Prepare-se: Deus vai executar Seus projetos por seu intermédio.

Conforme sabemos nada foi criado ao acaso, tampouco criou Deus algo ou alguém por acaso. Cada ser humano é um espetáculo admirável das mãos de um ser maravilhoso e extraordinário, e Ele propôs em seu coração algo grandioso para seus filhos, isso é muito certo. Portanto, se prepare, pois Deus vai se manifestar de forma magnífica ou extremamente simples, para apresentar ou confirmar o propósito, a missão dEle/sua e o motivo de você estar aqui, ter passado pelo que passou. Esteja atento, não importa que você seja jovem ou idoso, bonito ou lindo, rico ou muito rico, alto ou baixo. Não importa, Deus quer fazer um contrato de sucesso com você. Se prepare.

A Abraão, Deus disse: "Sai da tua terra, da tua parentela e da casa de teu pai para a terra que te mostrarei; farei de ti uma grande nação, e te abençoarei e engrandecerei o teu nome. Sê tu uma benção".

Sabe qual é o resultado da manifestação de Deus para com um único ser humano? Conforme o relato de Abraão: o Poder Supremo do universo fará uma transformação tão poderosa e duradoura que os feitos de um único ser transformado transbordarão e alcançarão muitas gerações.

Alguém disse: eu preparei meu corpo para ser mais feliz e próspero. Agora estou esperando que o universo faça sua parte. Sei que isso é uma lei constante, quanto mais ofereço, mais recebo, não ofereço para receber, mas ofereço porque amo fazê-lo. Se não for feito por amor, o maior sentimento do universo, comparado ao próprio Deus, não receberá, se receber, às vezes em migalhas, até em sofrimento. E sempre será assim: o amor o faz, Deus quer que assim façamos e Ele está ansioso para ser nosso sócio, um sócio que trabalha conosco, por nós e pelos demais sócios. Só seremos prósperos de verdade quando todos forem prósperos. Portanto, ande, corra, leve adiante essa mensagem, a verdadeira mensagem de esperança.

Que teu irmão à beira do caminho possa, hoje mesmo, escutar tua voz de esperança. Cristo voltará quando estivermos preparados e prepararmos as pessoas.

Como é ruim ter olhos, mas não enxergar, porém, pior ainda é ter guias que também não enxergam, a boa notícia é que já não precisamos de guias, pois Ele mesmo encarnou e nos serve de guia e modelo.

Sou grato pelo conhecimento que tenho hoje [...] Deus está construindo, em seu tempo, uma melhor rota da vida, do bem, da luz. Quero ser cooperador de Deus.

Costumava escutar com frequência que seria por meio dos supostos "sacrifícios" oferecidos e dos rituais feitos que poderíamos alcançar determinada graça. Ledo engano. Os sacrifícios e os rituais precisam ser feitos, mas não a nenhuma divindade hostil, ou sequer a uma deidade de amor, e sim à própria gana de querer vencer e atingir o céu de glória. Os sacrifícios serão feitos em prol da humanidade e os rituais para facilitar os hábitos do Bem.

Aquilo que Deus quer fazer é grandioso e já estava sendo feito, já estava acontecendo no reino de Deus, no reino de sua maravilhosa luz, você apenas não conseguia enxergar, não está nítido. Hoje, visualize apenas o próximo passo, se entregue, se dedique, faça o melhor. Hoje, amanhã e sempre. Aqui, ali e além.

Ser tudo que nasceu para ser é ser melhor, mais expandido, mais altruísta, mais divino. Poder transformar o maior número de pessoas à volta. A vida é uma constante teia de transformações. Processos constantes de crescimento e melhoramento estão acontecendo o tempo todo para que possamos alcançar o próximo nível.